Inhaltsverzeichnis.

Ergänzungen
zur
Reichsversicherungsordnung.

Zweites Buch:

Krankenversicherung.

Bekanntmachung des Stellvertreters des Reichskanzlers, betreffend Krankenversicherung bei Ersatzkassen. Vom 5. Juli 1916. Ausgegeben den 7. Juli 1916. (RGBl. S. 655, AN. S. 542.)

Der Bundesrat hat auf Grund des § 3 des Gesetzes über die Ermächtigung des Bundesrats zu wirtschaftlichen Maßnahmen usw. vom 4. August 1914 (Reichs-Gesetzbl. S. 327) folgende Verordnung erlassen:

§ 1. Bestimmt die Satzung einer Ersatzkasse (§§ 503 ff. der Reichsversicherungsordnung), daß bei Diensteintritt in das Heer oder die Marine die Mitgliedschaft von selbst oder auf Anordnung eines Kassenorgans erlischt, ruht oder nur unter Minderung der Kassenleistungen oder Erhöhung der Beiträge fortbesteht, so haben Personen, die während des gegenwärtigen Krieges dem Reiche oder einer ihm verbündeten Macht Kriegs-, Sanitäts- oder ähnliche Dienste leisten, gleichwohl, vorbehaltlich des § 3, Anspruch auf Fortsetzung ihrer vollberechtigten Mitgliedschaft. Der Anspruch wird durch Antrag beim Vorstand der Ersatzkasse geltend gemacht.

Voraussetzung ist, daß der Antragsteller

1. bis mindestens zum Diensteintritte Mitglied der Ersatzkasse war und
2. beim Diensteintritte nach §§ 313, 314 der Reichsversicherungsordnung berechtigt war, Mitglied einer Krankenkasse oder knappschaftlichen Krankenkasse zu bleiben.

§ 2. Wer dem zur freiwilligen Versicherung oder Weiterversicherung bei einer Krankenkasse nach der Reichsversicherungsordnung berechtigten Personenkreis angehört, genügt der Voraussetzung des § 1 Abs. 2 Nr. 2 auch dadurch, daß er bis zum Diensteintritte mindestens ein Jahr hindurch ununterbrochen einer Ersatzkasse oder teils einer Kranken-, teils einer Ersatzkasse angehört hat.

Für die Zeit vor der inzwischen erfolgten Zulassung einer Hilfskasse als Ersatzkasse gilt die Mitgliedschaft bei ihr derjenigen bei einer Ersatzkasse gleich.

§ 3. Der Vorstand der Ersatzkasse kann die hiernach Berechtigten bis zu ihrer Rückkehr in die Heimat auf eine niedrigere Mitgliederklasse beschränken. Gehörten sie bis zum Diensteintritte zu den auf Grund der Reichsversicherung versicherungspflichtigen Personen, so gilt § 507 Abs. 1 der Reichsversicherungsordnung entsprechend mit der Maßgabe, daß als Krankenkasse des Versicherten diejenige gilt, welcher er vor dem Diensteintritte zuletzt angehört hat.

Im übrigen gilt der Wiedereintritt in die Mitgliedschaft nicht als neuer Beitritt.

§ 4. Der Antrag nach § 1 Abs. 1 ist nur binnen drei Wochen nach dem Diensteintritt oder, falls der letztere bereits vor der Verkündung dieser Vorschriften erfolgt ist, binnen drei Monaten nach dem Verkündungstage zulässig.

Er wirkt vom Eingang der ersten satzungsmäßigen Beitragszahlung bei der Ersatzkasse ab.

§ 5. Der Antragsteller muß auf Verlangen der Ersatzkasse sich einer ärztlichen Untersuchung unterwerfen; diese wird von der Ersatzkasse veranlaßt. Ist der Antragsteller beim Eingang der ersten Beitragszahlung (§ 4) bereits erkrankt, so hat er für diese Krankheit keinen Anspruch auf Kassenleistungen nach § 1.

§ 6. Die Versicherung nach § 1 erlischt, wenn für den Berechtigten zweimal nacheinander am Zahltag die Beiträge nicht entrichtet und seit dem ersten dieser Tage mindestens vier Wochen vergangen sind.

§ 7. Ausgeschiedene Mitglieder von Ersatzkassen, welche die im § 1 bezeichneten Dienste geleistet haben und den Voraussetzungen des Abs. 2 daselbst genügen, sind nach der Rückkehr in die Heimat auf Antrag in ihre Ersatzkasse wieder aufzunehmen.

Ihr Wiedereintritt in die Mitgliedschaft gilt nicht als neuer Beitritt.

§ 8. Der Antrag ist nur binnen sechs Wochen nach der Rückkehr in die Heimat zulässig.

Für Personen, die vor der Verkündung dieser Vorschrift zurückgekehrt sind, beginnt die sechswöchige Frist mit dem Verkündungstage. Gewährte ihnen die Satzung ihrer Ersatzkasse für den Wiedereintritt unter sonst gleichen oder günstigeren Bedingungen bereits eine mindestens dreiwöchige Frist, so läuft für sie keine neue Frist.

§ 9. Für den Wiedereintritt gilt § 5 entsprechend.

Der Antrag wirkt vom Eingang beim Vorstand der Ersatzkasse ab.

§ 10. Soweit Satzungsbestimmungen einer Ersatzkasse diesen Vorschriften entgegenstehen, haben sie den danach Berechtigten gegenüber keine Wirkung. Einer Satzungsänderung auf Grund dieser Vorschriften bedarf es nicht.

Satzungsbestimmungen, die für die Versicherten günstiger sind, bleiben, vorbehaltlich der Vorschrift des § 6, unberührt.

§ 11. Hat die Satzung einer Ersatzkasse eine Wartezeit für Leistungen bestimmt, so ruht während der Leistung der Dienste (§ 1) der Fristenlauf für die Angehörigen des im Eingang des § 2 bezeichneten Personenkreises.

Ist die Wartezeit bereits erfüllt, so bedarf es nicht der Zurücklegung einer neuen Wartezeit. Die Zeit, für welche die Beiträge weiter gezahlt werden, wird auf die Wartezeit angerechnet.

§ 12. Diese Vorschriften treten mit dem Tage der Verkündung in Kraft. Der Bundesrat bestimmt den Tag des Außerkrafttretens.

Berlin, den 5. Juli 1916.

Der Stellvertreter des Reichskanzlers.

Dr. Helfferich.

Bekanntmachung des Stellvertreters des Reichskanzlers, betreffend Krankenversicherung von Ausländern während des Krieges. Vom 2. November 1916. (RGBl. S. 1247, AN. S. 727.)

Der Bundesrat hat auf Grund des § 3 des Gesetzes, betreffend die Ermächtigung des Bundesrats zu wirtschaftlichen Maßnahmen usw., vom 4. August 1914 (Reichs-Gesetzbl. S. 327) folgende Verordnung erlassen:

§ 1. Diejenigen seit Beginn des gegenwärtigen Krieges in Deutschland befindlichen Angehörigen feindlicher Staaten, welche als solche durch Anordnung deutscher Behörden in ihrer persönlichen Freiheit beschränkt und deshalb als unfreie Personen nicht nach den Vorschriften der Reichsversicherungsordnung über die Krankenversicherung versicherungspflichtig oder versicherungsberechtigt sind, werden diesen Vorschriften unterstellt.

Für sie gelten auch das Gesetz, betreffend Sicherung der Leistungsfähigkeit der Krankenkassen, vom 4. August 1914 (Reichs-Gesetzbl. S. 337) und § 2 der Bekanntmachung, betreffend Krankenversicherung und Wochenhilfe während des Krieges, vom 28. Januar 1915 (Reichs-Gesetzbl. S. 49).

§ 2. Diese Vorschrift tritt am 20. November 1916 in Kraft.

Berlin, den 2. November 1916.

Der Stellvertreter des Reichskanzlers.
Dr. Helfferich.

Bekanntmachung des Stellvertreters des Reichskanzlers über Erhaltung von Anwartschaften aus der Krankenversicherung.

Vom 16. November 1916. Ausgegeben den 17. November 1916. (RGBl. S. 1279, AN. S. 728.)

Der Bundesrat hat auf Grund des § 3 des Gesetzes über die Ermächtigung des Bundesrats zu wirtschaftlichen Maßnahmen usw. vom 4. August 1914 (Reichs-Gesetzbl. S. 327) folgende Bekanntmachung erlassen:

§ 1. § 1 Abs. 2 der Bekanntmachung über Krankenversicherung und Wochenhilfe während des Krieges vom 28. Januar 1915 (Reichs-Gesetzbl. S. 49) sowie §§ 5, 9 Abs. 1 der Bekanntmachung, betreffend Krankenversicherung bei Ersatzkassen, vom 5. Juli 1916 (Reichs-Gesetzbl. S. 655) werden aufgehoben.

§ 2. Bei Anwendung des § 214 Abs. 1 und des § 313 Abs. 1 der Reichsversicherungsordnung ist die Zeit militärischer, Sanitäts- und ähnlicher Dienste, die während des gegenwärtigen Krieges dem Reiche oder einer ihm verbündeten Macht geleistet worden sind, auf die Zeit vor dem Ausscheiden aus der Versicherung nicht anzurechnen.

Das gleiche gilt für die Dauer der Erwerbslosigkeit bis zu sechs Wochen, die in die ersten sechs Wochen nach der Rückkehr aus solchen Diensten in die Heimat fällt.

§ 3. Diese Vorschrift tritt mit dem Tage ihrer Verkündung in Kraft.

Berlin, den 16. November 1916.

Der Stellvertreter des Reichskanzlers.
Dr. Helfferich.

Bekanntmachung des Stellvertreters des Reichskanzlers, betreffend Krankenversicherung von Arbeitern im Ausland.
Vom 14. Dezember 1916. (RGBl. S. 1383, AN. S. 782.)

Der Bundesrat hat auf Grund des § 3 des Gesetzes, betreffend die Ermächtigung des Bundesrats zu wirtschaftlichen Maßnahmen usw., vom 4. August 1914 (Reichs-Gesetzbl. S. 327) folgende Verordnung erlassen:

§ 1. Gegen Krankheit werden versichert Deutsche, die während des gegenwärtigen Krieges in dem von deutschen Truppen besetzten Ausland von deutschen Unternehmern für Zwecke des deutschen Heeres oder der Kaiserlichen Marine beschäftigt werden, wenn sie bei einer gleichen Beschäftigung im Inland der reichsgesetzlichen Krankenversicherung unterliegen würden. Für ihre Berechtigung zur freiwilligen Krankenversicherung gelten die Vorschriften der Reichsversicherungsordnung entsprechend.

Das gleiche gilt für Angehörige der dem Deutschen Reiche verbündeten sowie der neutralen Staaten, wenn die Beschäftigung außerhalb ihres Heimatstaats stattfindet.

§ 2. Die Beschäftigten gehören, falls für den inländischen Betrieb des Unternehmers eine Betriebskrankenkasse besteht, dieser, und falls für mehrere inländische Betriebe des Unternehmers je besondere Betriebskrankenkassen bestehen, nach Wahl des Unternehmers einer von diesen an.

Im übrigen gehören sie nach näherer Bestimmung der obersten Verwaltungsbehörde des dem Beschäftigungsorte zunächst belegenen inländischen Grenzgebiets einer Ortskrankenkasse dieses Grenzgebiets an. Beschäftigte, die nach der Reichsversicherungsordnung landkassenpflichtig wären, können in gleicher Weise einer Landkrankenkasse zugewiesen werden.

Der Unternehmer kann mit Genehmigung der Heeres- oder Marineverwaltung über die Kassenzugehörigkeit der bei ihm beschäftigten Arbeiter eine Vereinbarung mit einer anderen Krankenkasse abschließen. Gehören die Beschäftigten hiernach oder nach Abs. 1, 2 bereits einer Krankenkasse an, so bedarf es der Zustimmung dieser Kasse. Wird sie versagt, so kann sie auf Antrag des Unternehmers durch das Versicherungsamt der Kasse oder im Falle des § 6 durch die danach zuständige Behörde ergänzt werden. Die Entscheidung ist endgültig.

§ 3. Der Unternehmer kann für die im Ausland Beschäftigten seines Betriebs eine besondere Betriebskrankenkasse errichten. Er bedarf hierzu der Zustimmung der für den Bereich der Kasse zuständigen deutschen obersten Verwaltungsbehörde oder, wo eine solche nicht besteht, der dort zuständigen deutschen obersten Militärbehörde.

§ 4. Der Grundlohn bestimmt sich nach dem wirklichen Arbeitsverdienste des Versicherten bis sechs Mark für den Arbeitstag (§ 180 Abs. 2, 4 der Reichsversicherungsordnung).

§ 5. Im Ausland gewährt die Heeres- oder Marineverwaltung den Versicherten die Krankenhilfe. Die Krankenkasse hat ihr die Kosten zu erstatten. Dabei gelten drei Achtel des Grundlohns, nach welchem sich das Krankengeld des Versicherten bestimmt, als Ersatz der Kosten für die Krankenpflege. Ist der Versicherte in ein Krankenhaus (Lazarett) aufgenommen, so sind außerdem für den Unterhalt daselbst zwei Achtel des Grundlohns zu vergüten.

Die Krankenkasse hat ferner die Kosten der Überführung in ein inländisches Krankenhaus zu vergüten.

Die Heeres- oder Marineverwaltung kann mit den Kassen etwas anderes vereinbaren.

Streit über den Ersatzanspruch wird, unbeschadet des § 6, im Spruchverfahren nach der Reichsversicherungsordnung entschieden.

§ 6. Wird eine besondere Betriebskrankenkasse errichtet, so trifft die nach § 3 zuständige deutsche oberste Verwaltungs- oder Militärbehörde Bestimmung über die Aufsicht, das Verfahren bei Streitigkeiten und bei Schließung der Kasse sowie über die zulässigen Rechtsmittel. Sie beschließt über die Genehmigung der Satzung und bestimmt zugleich, wann die Kasse ins Leben tritt. Sie kann die Wahl zu den Kassenorganen anders als nach den Grundsätzen der Verhältniswahl regeln; die Wahl muß jedoch geheim sein.

§ 7. Diese Verordnung gilt nicht:

1. für unständig Beschäftigte (§ 441 der Reichsversicherungsordnung),

2. für die bereits nach der Reichsversicherungsordnung im Inland versicherten Personen; die Verpflichtung des Arbeitgebers, nach § 221 der Reichsversicherungsordnung ihnen Krankenhilfe zu gewähren, geht auf die Heeres- oder Marineverwaltung über, wenn diese nach § 5 Abs. 1 auch anderen Beschäftigten des Arbeitgebers Krankenhilfe zu gewähren hat.

§ 8. Die obersten Verwaltungsbehörden für Heer und Marine können bestimmen, wieweit die vorstehenden Vorschriften unter den übrigen Voraussetzungen des § 1 auch für unmittelbare Beschäftigungsverhältnisse zur deutschen Heeres- oder Kaiserlichen Marineverwaltung sowie für Personen zu gelten haben, die in dem nicht von deutschen Truppen besetzten Ausland von deutschen Unternehmern oder Behörden für Zwecke des deutschen Heeres oder der Kaiserlichen Marine oder für gleiche Zwecke einer verbündeten Macht beschäftigt werden.*)

§ 9. Der Reichskanzler kann auf Antrag der deutschen obersten Verwaltungsbehörde eines von deutschen Truppen besetzten feindlichen Gebiets bestimmen, wieweit unter den übrigen Voraussetzungen des § 1 die Vorschriften der §§ 1 bis 7 auch für Beschäftigungsverhältnisse zu deutschen Unternehmern für Zwecke anderer deutscher Behörden oder für unmittelbare Beschäftigungsverhältnisse zu anderen deutschen Behörden zu gelten haben.

§ 10. Soweit der Erwerb von Rechten davon abhängt, daß eine Versicherung gegen Krankheit von bestimmter Dauer vorangegangen ist, steht die Versicherung nach diesen

---

*) Vergl. hierzu Ausführungsbestimmungen des Preuß. Kriegsministeriums vom 20. Januar 1917 (Min.Bl. der preuß. Handels- und Gewerbe-Verw. 1917 S. 51).

Vorschriften einer Versicherung auf Grund der Reichsversicherungsordnung gleich.

§ 11. Der Reichskanzler wird ermächtigt, weitere Bestimmungen zur Durchführung dieser Verordnung zu erlassen. Soweit dies nicht geschieht oder diese Verordnung nichts anderes ergibt, sind die Vorschriften und Bestimmungen über die reichsgesetzliche Krankenversicherung sinngemäß anzuwenden.

§ 12. Diese Verordnung tritt am 15. Januar 1917 in Kraft.

Berlin, den 14. Dezember 1916.

Der Stellvertreter des Reichskanzlers.

Dr. Helfferich.

Bekanntmachung des Stellvertreters des Reichskanzlers über Kranken-, Unfall- und Invalidenversicherung von Angehörigen feindlicher Staaten. Vom 25. Januar 1917. (RGBl. S. 79, AN. S. 232.)

Der Bundesrat hat auf Grund des § 3 des Gesetzes, betreffend die Ermächtigung des Bundesrats zu wirtschaftlichen Maßnahmen usw., vom 4. August 1914 (Reichs-Gesetzbl. S. 327) folgende Verordnung erlassen:

§ 1. Diejenigen Angehörigen feindlicher Staaten, welche, ohne Kriegsgefangene zu sein, auf Grund von Maßnahmen der deutschen Heeresverwaltung zum Zwecke ihrer Beschäftigung nach Deutschland gekommen oder überführt worden sind, werden, soweit sie wegen der durch diese Maßnahmen bedingten Gestalt ihres Arbeitsverhältnisses nicht als versichert im Sinne der Reichsversicherungsordnung gelten, den Vorschriften der Reichsversicherungsordnung über Kranken- und Unfallversicherung unterstellt.

Für sie gelten auch das Gesetz, betreffend Sicherung der Leistungsfähigkeit der Krankenkassen, vom 4. August 1914 (Reichs-Gesetzbl. S. 337) und § 2 der Bekanntmachung über Krankenversicherung und Wochenhilfe während des Krieges vom 28. Januar 1915 (Reichs-Gesetzbl. S. 49).

§ 2. Soweit Beschäftigte der im § 1 bezeichneten Art nach den Vorschriften der Reichsversicherungsordnung über Invaliden- und Hinterbliebenenversicherung versicherungspflichtig sein würden, sind sie von dieser Versicherungspflicht befreit.

§ 3. Die Heeresverwaltung kann jederzeit an Stelle des Trägers der Kranken- oder der Unfallversicherung das Heilverfahren (Krankenpflege, Krankenhauspflege — Krankenbehandlung, Heilanstaltpflege) übernehmen. Ein solches Heilverfahren steht für die Ansprüche des Versicherten gegen den Versicherungsträger einem entsprechenden Heilverfahren des Versicherungsträgers gleich.

Der Versicherungsträger hat der Heeresverwaltung die Kosten zu erstatten, soweit das Heilverfahren in eine Zeit fällt, während derer dem Versicherten ein Anspruch auf Leistungen des Versicherungsträgers zusteht. Soweit für dieselbe Zeit ein Anspruch gegen die Träger der Krankenversicherung und der Unfallversicherung besteht, ist nur der Träger der Unfallversicherung ersatzpflichtig.

Als Ersatz der Kosten für Krankenpflege (§ 182 Nr. 1 der Reichsversicherungsordnung) oder Krankenbehandlung (§ 558 Nr. 1 der Reichsversicherungsordnung) gelten drei

Achtel des Grundlohns, nach welchem sich das Krankengeld des Versicherten bestimmt; jedoch ist für Hilfsmittel, die bei Folgen von Betriebsunfällen erforderlich sind, um den Erfolg des Heilverfahrens zu sichern oder die Folgen der Verletzung zu erleichtern (§ 558 Nr. 1 der Reichsversicherungsordnung) stets der wirkliche Aufwand zu ersetzen. Ist der Versicherte in ein Krankenhaus (Lazarett) aufgenommen, so sind außerdem für den Unterhalt daselbst zwei Achtel des Grundlohns zu vergüten. Ist kein Grundlohn bestimmt, so gilt als solcher der wirkliche Arbeitsverdienst des Versicherten bis sechs Mark für den Arbeitstag.

Die Heeresverwaltung kann mit den Versicherungsträgern etwas anderes vereinbaren.

Streitigkeiten über den Ersatzanspruch werden im Spruchverfahren nach der Reichsversicherungsordnung entschieden.

Knappschaftliche Krankenkassen und Ersatzkassen stehen den Versicherungsträgern im Sinne dieser Vorschriften gleich.

§ 4. Diese Verordnung tritt am 12. Februar 1917 in Kraft, sie wirkt für das Gebiet der Unfallversicherung zurück auf Unfälle, die Angehörige feindlicher Staaten der im § 1 bezeichneten Art seit ihrem Eintritt in die Beschäftigung in Deutschland erlitten haben.

Ansprüche auf solche Beiträge zur Invalidenversicherung, welche bis zum 12. Februar 1917 für die im § 2 bezeichneten Personen noch nicht geleistet worden sind, dürfen nicht weiter verfolgt werden.

Berlin, den 25. Januar 1917.

Der Stellvertreter des Reichskanzlers.
Dr. Helfferich.

Verordnung des Bundesrats über Versicherung der im vaterländischen Hilfsdienst Beschäftigten. Vom 24. Februar 1917. (RGBl. S. 171, AN. S. 227.)

Der Bundesrat hat auf Grund des § 19 des Gesetzes über den vaterländischen Hilfsdienst vom 5. Dezember 1916 (Reichs-Gesetzbl. S. 1333) mit Zustimmung des vom Reichstag gewählten Ausschusses und auf Grund des § 3 des Gesetzes über die Ermächtigung des Bundesrats zu wirtschaftlichen Maßnahmen usw. vom 4. August 1914 (Reichs-Gesetzbl. S. 327) folgende Verordnung erlassen:

I. Allgemeine Vorschriften.

§ 1. Wer eine Beschäftigung im Sinne des Gesetzes über den vaterländischen Hilfsdienst vom 5. Dezember 1916 (Reichs-Gesetzbl. S. 1333) ausübt, unterliegt, auch wenn er nicht dienstpflichtig nach § 1 dieses Gesetzes ist, den Vorschriften über die reichsgesetzliche Arbeiter- und Angestelltenversicherung, soweit diese Verordnung nichts anderes bestimmt. Dies gilt auch dann, wenn die Beschäftigung nicht auf Grund freiwilliger Meldung (§ 7 des genannten Gesetzes) stattfindet. Eine Vergütung ist stets Entgelt im Sinne der Vorschriften über die reichsgesetzliche Arbeiter- und Angestelltenversicherung.

§ 2. Einer Satzungsänderung auf Grund dieser Vorschriften bedarf es für die Versicherungsträger nicht.

II. Krankenversicherung.

§ 3. Setzt die Satzung einer Krankenkasse den Ortslohn als Grundlohn fest, so gilt dies nicht für Personen, die im vaterländischen Hilfsdienst eine nach den Vorschriften der Reichsversicherung landkassenpflichtige Beschäftigung übernehmen, sofern sie in den dem erstmaligen Eintritt in eine landkassenpflichtige Hilfsdiensttätigkeit vorangegangenen zwölf Monaten mindestens sechsundzwanzig Wochen oder unmittelbar vorher mindestens sechs Wochen bei einer Krankenkasse mit einem anderen Grundlohn als dem Ortslohn oder bei einer knappschaftlichen Krankenkasse versichert waren.

Soweit diese Personen nicht als Betriebsbeamte, Werkmeister oder andere Angestellte in ähnlich gehobener Stellung beschäftigt werden, gelten sie als Facharbeiter im Sinne des § 181 Abs. 2 der Reichsversicherungsordnung, auch wenn sie nicht als solche tätig sind.

Auf diese Beschäftigten sind die Vorschriften der §§ 418 bis 425 der Reichsversicherungsordnung nicht anwendbar. Bei Anwendung des § 418 Abs. 2 Nr. 3 und des § 419 Abs. 1 Satz 2 der Reichsversicherungsordnung bleiben sie bei Feststellung der sämtlichen in der Landwirtschaft Beschäftigten und der sämtlichen Befreiten des Arbeitgebers außer Betracht.

§ 4. Soweit der Erwerb eines Rechtes nach der Reichsversicherung oder der Satzung einer Krankenkasse davon abhängt, daß eine Wartezeit bei einer Krankenkasse zurückgelegt ist oder eine Versicherung von bestimmter Dauer innerhalb eines gleichfalls bestimmten Zeitraums bestanden hat, darf eine Beschäftigung im vaterländischen Hilfsdienst, durch die der Beschäftigte aus der Krankenkasse oder der Versicherung ausscheidet, nicht zu seinem Nachteil angerechnet werden. Dies gilt auch für die Dauer einer Erwerbslosigkeit bis zu sechs Wochen, die in die ersten sechs Wochen nach der Beschäftigung fällt.

Die Zeit von mindestens sechs Monaten nach § 199 der Reichsversicherungsordnung steht einer Wartezeit im Sinne des Abs. 1 gleich.

Im übrigen gilt § 2 des Gesetzes, betreffend Erhaltung von Anwartschaften aus der Krankenversicherung, vom 4. August 1914 (Reichs-Gesetzbl. S. 334) entsprechend.

§ 5. Vorschriften der Reichsversicherung, nach denen Personen, die gegen Krankheit versichert sind, durch einen Aufenthalt im Ausland Rechtsnachteile erleiden, gelten nicht für Personen, die im Ausland im vaterländischen Hilfsdienst beschäftigt sind. Der Aufenthalt solcher Personen im Ausland steht insoweit einem Aufenthalt im Inland gleich.

§ 6. Wer wegen einer Beschäftigung im vaterländischen Hilfsdienst zu einer andern Krankenkasse übergetreten ist, darf, wenn er aus dieser ausscheidet, das Recht zur Weiterversicherung nach § 313 der Reichsversicherungsordnung wahlweise bei ihr oder seiner früheren Kasse ausüben.

Meldet er sich bei der früheren Kasse, so kann diese ihn ärztlich untersuchen lassen. Für eine Erkrankung, die beim Wiederbeitritt bereits besteht, hat er einen Anspruch nur gegen die andere Kasse, und zwar auf die Leistungen, die sie im Falle der Weiterversicherung bei ihr zu gewähren hätte. Auf ihren oder seinen Antrag erhält der Versicherte diese Leistungen von der früheren Kasse. Geschieht es auf seinen Antrag, so hat die frühere Kasse der andern binnen einer Woche den Eintritt des Versicherungsfalls mitzuteilen. Die andere Kasse hat der früheren ihre Aufwendungen im vollen Umfang zu ersetzen.

§ 7. Den Krankenkassen im Sinne dieser Verordnung stehen knappschaftliche Krankenkassen gleich.

§ 8. Für Mitglieder von Ersatzkassen (§§ 503 ff. der Reichsversicherungsordnung), welche dem zur freiwilligen Versicherung oder Weiterversicherung bei einer Krankenkasse nach der Reichsversicherungsordnung berechtigten Personenkreis angehören, gelten die vorstehenden Vorschriften entsprechend.

Bestimmungen in der Satzung einer Ersatzkasse, nach denen ein Mitglied bei Übernahme einer Beschäftigung im vaterländischen Hilfsdienst aus der Kasse ausscheiden müßte oder einen sonstigen Rechtsnachteil erleiden würde, dürfen nicht geltend gemacht werden.

Mitglieder von Ersatzkassen, die eine landwirtschaftliche Beschäftigung erst nach dem Inkrafttreten des Gesetzes über den vaterländischen Hilfsdienst und voraussichtlich nicht über dessen Geltungsdauer hinaus übernehmen, stehen den vorübergehend in der Landwirtschaft beschäftigten gewerblichen Arbeitern im Sinne des § 434 der Reichsversicherungsordnung gleich.

§ 9. Deutsche, die in dem von deutschen Truppen besetzten Ausland von deutschen Arbeitgebern im vaterländischen Hilfsdienst beschäftigt werden und nicht schon auf Grund der Bekanntmachung vom 14. Dezember 1916 (Reichs-Gesetzbl. S. 1383) versichert sind, werden hinsichtlich der Versicherung gegen Krankheit den im § 1 der genannten Bekanntmachung bezeichneten Personen gleichgestellt.

Sie sind versicherungsfrei, wenn ihnen gegen einen Arbeitgeber der im § 169 Abs. 1 der Reichsversicherungsordnung bezeichneten Art für den Fall der Krankheit ein Anspruch gewährleistet ist, der einem der in der genannten Vorschrift bezeichneten Ansprüche mindestens gleichwertig ist. Das Kriegsamt bestimmt, ob der Anspruch gleichwertig ist.

III. Unfallversicherung.

§§ 10—13.

IV. Invaliden- und Hinterbliebenenversicherung.

§§ 14—16.

V. Angestelltenversicherung.
§§ 17—18.

VI. Schlußvorschriften.

§ 19. Der Reichskanzler wird ermächtigt, weitere Bestimmungen zur Durchführung der Versicherung zu erlassen. Soweit dies nicht geschieht oder diese Verordnung nichts anderes ergibt, sind die Vorschriften über die reichsgesetzliche Arbeiter- und Angestelltenversicherung sinngemäß anzuwenden.

§ 20. Diese Verordnung tritt mit Wirkung vom 6. Dezember 1916 in Kraft.

Berlin, den 24. Februar 1917.

Der Stellvertreter des Reichskanzlers.
Dr. Helfferich.

Bekanntmachung des Stellvertreters des Reichskanzlers, betreffend Ausdehnung des Gesetzes über den vaterländischen Hilfsdienst auf Angehörige der österreichisch-ungarischen Monarchie. Vom 4. April 1917. Ausgegeben den 5. April 1917. (RGBl. S. 317, AN. S. 365.)

Der Bundesrat hat auf Grund des § 3 des Gesetzes über die Ermächtigung des Bundesrats zu wirtschaftlichen Maßnahmen usw. vom 4. August 1914 (RGBl. S. 327) folgende Verordnung erlassen:

§ 1. Die Vorschriften des Gesetzes über den vaterländischen Hilfsdienst und die zur Ausführung dieses Gesetzes erlassenen Bestimmungen gelten entsprechend für diejenigen Angehörigen der österreichisch-ungarischen Monarchie, welche beim Inkrafttreten dieser Verordnung im Gebiete des Deutschen Reichs ihren Wohnsitz oder ihren gewöhnlichen Aufenthalt haben oder ihn später dort nehmen. . . . .

§ 2. Die Verordnung tritt mit dem Tage der Verkündung in Kraft und zugleich mit dem Gesetz über den vaterländischen Hilfsdienst außer Kraft.*)

Berlin, den 4. April 1917.

Der Stellvertreter des Reichskanzlers.
Dr. Helfferich.

Verordnung des Bundesrats, betreffend Krankenversicherung und Wochenhilfe während des Krieges. Vom 1. März 1917. Ausgegeben den 2. März 1917. (RGBl. S. 200, AN. S. 375.)

Der Bundesrat hat auf Grund des § 3 des Gesetzes über die Ermächtigung des Bundesrats zu wirtschaftlichen Maßnahmen usw. vom 4. August 1914 (Reichs-Gesetzbl. S. 327) folgende Verordnung erlassen:

I.

Während der Dauer des gegenwärtigen Krieges können die Vorstände der Krankenkassen die Gewährung von Teuerungszulagen an die der Dienstordnung unterstehenden Angestellten der Kasse ohne Zuziehung des Kassenausschusses

*) Das Hilfsdienstgesetz ist durch Nr. 7 des Aufrufs des Rates der Volksbeauftragten an das deutsche Volk vom 12. November 1918 (RGBl. S. 1303) mit Wirkung vom 14. November 1918 aufgehoben worden.

beschließen. Die übrigen für Änderungen der Dienstordnung geltenden Vorschriften der Reichsversicherungsordnung bleiben dabei unberührt.

Voraussetzung ist, daß die Zulagen

1. entweder allen oder allen denjenigen Angestellten (Abs. 1) gewährt werden, deren jährliches Diensteinkommen einen bestimmten Betrag nicht übersteigt, und
2. für alle beteiligten Angestellten nach den gleichen Grundsätzen bemessen werden; zulässig ist jedoch eine Einteilung der Angestellten nach dem Gehalte mit steigendem Prozentsatz je für die niedrigere Gehaltsstufe, ferner Abstufung für Verheiratete und Ledige sowie nach der Zahl der Kinder, die der Angestellte ganz oder überwiegend zu unterhalten hat.

Der Beschluß kann in der gleichen Weise (Abs. 1) geändert oder aufgehoben werden. Er tritt spätestens drei Monate nach Friedensschluß außer Kraft, sofern nicht vorher die Weiterzahlung der Teuerungszulagen auf dem in der Reichsversicherungsordnung für Änderungen der Dienstordnung vorgeschriebenen Wege beschlossen worden ist.

II.

Für Personen, die während des gegenwärtigen Krieges dem Reiche oder einer ihm verbündeten Macht Kriegs-, Sanitäts- oder ähnliche Dienste leisten, ruht der Fristenlauf der Wartezeit bei ihrer Krankenkasse (§ 2 des Gesetzes, betreffend Erhaltung von Anwartschaften aus der Krankenversicherung, vom 4. August 1914 — Reichs-Gesetzbl. S. 334 —) auch während der Dauer der Erwerbslosigkeit bis zu sechs Wochen, die in die ersten sechs Wochen nach der Rückkehr aus solchen Diensten in die Heimat fällt.

Eine Wartezeit, die sie bei einer Krankenkasse zur Zeit des Diensteintritts ganz oder zum Teil erfüllt haben, ist ihnen auch auf die Wartezeit für Leistungen bei einer anderen Krankenkasse anzurechnen, der sie nach der Rückkehr aus solchen Diensten in die Heimat beitreten.

Auf das im § 195 Abs. 1 der Reichsversicherungsordnung erwähnte letzte Jahr und auf die im § 208 Satz 2 der Reichsversicherungsordnung erwähnten letzten zwölf Monate wird ihnen die Dauer der Dienstleistung sowie diejenige der Erwerbslosigkeit bis zu sechs Wochen nicht angerechnet, die in die ersten sechs Wochen nach der Rückkehr aus solchen Diensten in die Heimat fällt.

Die Zeit von mindestens sechs Monaten nach § 199 der Reichsversicherungsordnung steht für sie einer Wartezeit für Leistungen im Sinne der Reichsversicherungsordnung gleich.

III.

Die Wochenhilfe nach § 3 der Bekanntmachung vom 23. April 1915 (Reichs-Gesetzbl. S. 257) ist auch für das uneheliche Kind eines Kapitulanten zu gewähren, wenn seine Verpflichtung zur Gewährung des Unterhalts an das Kind festgestellt und die Mutter minderbemittelt im Sinne des § 2 Abs. 2 Nr. 2 jener Bekanntmachung ist.

IV.

Diese Vorschriften treten mit dem Tage ihrer Verkündung in Kraft.

Berlin, den 1. März 1917.

Der Stellvertreter des Reichskanzlers.
Dr. Helfferich.

Bekanntmachung des Stellvertreters des Reichskanzlers, betreffend Erhöhung des Wochengeldes. Vom 6. Juni 1917. Ausgegeben den 8. Juni 1917. (RGBl. S. 477, AN. S. 459.)

Der Bundesrat hat auf Grund des Gesetzes über die Ermächtigung des Bundesrats zu wirtschaftlichen Maßnahmen usw. vom 4. August 1914 (Reichs-Gesetzbl. S. 327) folgende Verordnung erlassen:

§ 1. Der Betrag des Wochengeldes, welches nach den Bekanntmachungen vom 3. Dezember 1914, 28. Januar und 23. April 1915 (Reichs-Gesetzbl. 1914 S. 492, 1915 S. 49, 257) für Rechnung des Reichs weiterhin zu zahlen ist, wird von einer Mark auf einundeinehalbe Mark täglich erhöht.

§ 2. Die Verordnung tritt mit dem Tage der Verkündung in Kraft.

Berlin, den 6. Juni 1917.

Der Stellvertreter des Reichskanzlers.
Dr. Helfferich.

Bekanntmachung des Stellvertreters des Reichskanzlers über Wochenhilfe aus Anlaß des vaterländischen Hilfsdienstes. Vom 6. Juli 1917. Ausgegeben den 9. Juli 1917. (RGBl. S. 591, AN. S. 530.)

Der Bundesrat hat auf Grund des § 3 des Gesetzes über die Ermächtigung des Bundesrats zu wirtschaftlichen Maßnahmen usw. vom 4. August 1914 (Reichs-Gesetzbl. S. 327) folgende Verordnung erlassen:

§ 1. Deutschen Wöchnerinnen, die nicht schon auf Grund der Bekanntmachungen vom 3. Dezember 1914, 28. Januar oder 23. April 1915 (Reichs-Gesetzbl. 1914 S. 492, 1915 S. 49, 257) Anspruch auf Wochenhilfe aus Mitteln des Reichs haben, wird eine solche während der Geltungsdauer des Gesetzes über den vaterländischen Hilfsdienst vom 5. Dezember 1916 (Reichs-Gesetzbl. S. 1333) nach folgenden Vorschriften gewährt.

§ 2. Die Wochenhilfe erhalten die Wöchnerinnen, wenn
1. der Ehemann eine Beschäftigung im Sinne des im § 1 genannten Gesetzes ausübt und im letzten Jahre vor der Niederkunft seiner Ehefrau mindestens sechs Monate hindurch ausgeübt hat,
2. die wirtschaftliche Lage des Ehemanns sich infolge seiner Beschäftigung im Hilfsdienst nachweislich verschlechtert hat und
3. ein Bedürfnis für die Beihilfe besteht.

Dies gilt auch dann, wenn der Ehemann nicht dienstpflichtig nach § 1 des genannten Gesetzes ist. Für die Zeit vor der Niederkunft steht der Beschäftigung im Sinne des Abs. 1 die Leistung von Kriegs-, Sanitäts- und ähnlichen Diensten für das Reich oder eine ihm verbündete Macht gleich. Ist der Hilfsdienstpflichtige durch besondere schriftliche Aufforderung nach § 7 des Hilfsdienstgesetzes herangezogen worden, so bedarf es nicht des Nachweises einer Beschäftigung im Hilfsdienst vor der Niederkunft (Abs. 1 Nr. 1).

§ 3. Die Wochenhilfe erhalten ferner auch solche Wöchnerinnen, welche selbst im Jahre vor der Niederkunft mindestens sechs Monate hindurch eine Beschäftigung im Sinne des Hilfsdienstgesetzes ausgeübt haben, wenn bei ihnen die Voraussetzungen des § 2 Abs. 1 Nr. 2, 3, Abs. 2 sinngemäß zutreffen. Auf diese sechs Monate wird die Zeit einer Beschäftigungslosigkeit unmittelbar vor der Niederkunft bis zu vier Wochen angerechnet.

§ 4. Die Wochenhilfe ist auch für das uneheliche Kind eines im vaterländischen Hilfsdienst Beschäftigten zu leisten, wenn die Verpflichtung des Vaters zur Gewährung des Unterhalts an das Kind festgestellt ist und die Voraussetzungen des § 2 sinngemäß zutreffen.

§ 5. Für die Zeit vor dem 1. September 1917 verkürzt sich die in den §§ 2 bis 4 erforderte Beschäftigungszeit um die Zeit, die zwischen dem genannten Tage und demjenigen der Niederkunft liegt.

§ 6. Ob eine Verschlechterung im Sinne des § 2 Abs. 1 Nr. 2 stattgefunden hat, ist nach billigem Ermessen unter Berücksichtigung aller Umstände zu beurteilen.

Voraussetzung ist in der Regel, daß infolge des Hilfsdienstgesetzes die Beschäftigungsart oder der Beschäftigungsort gewechselt worden ist.

Voraussetzung ist ferner in der Regel, daß sich infolge des Hilfsdienstgesetzes die Einnahmen des Beschäftigten vermindert oder seine notwendigen Ausgaben stärker als die Einnahmen vermehrt haben. Dabei sind die wirtschaftlichen Verhältnisse des Beschäftigten während seiner Hilfsdiensttätigkeit in der Zeit unmittelbar vor der Niederkunft bis zur Dauer einer Jahres mit denen während einer Zeit von gleicher Dauer unmittelbar vor Beginn jener Tätigkeit zu vergleichen. Lassen sich die wirtschaftlichen Verhältnisse des Beschäftigten in der Zeit vor der Hilfsdiensttätigkeit nicht feststellen, so können diejenigen zum Vergleiche herangezogen werden, unter denen Personen von gleicher Art, Ausbildung und Beschäftigung in jener Zeit in derselben Gegend tätig gewesen sind; dies gilt, sofern es für den Anspruch günstiger ist, entsprechend auch dann, wenn der Beschäftigte in der Zeit vor der Hilfsdiensttätigkeit Kriegs-, Sanitäts- und ähnliche Dienste geleistet hat.

§ 7. Daß ein Bedürfnis für die Beihilfe besteht (§ 2 Abs. 1 Nr. 3), ist in der Regel nicht anzunehmen

bei verheirateten Wöchnerinnen, wenn das Jahreseinkommen des Ehepaars den Betrag von zweitausendfünfhundert Mark übersteigt,

bei unverheirateten Wöchnerinnen, wenn ihr Jahreseinkommen eintausendfünfhundert Mark und für jedes schon vorhandene Kind unter fünfzehn Jahren weitere zweihundertfünfzig Mark, zusammen aber zweitausendfünfhundert Mark, übersteigt, im Falle des § 4 außerdem, wenn das Einkommen des im Hilfsdienst beschäftigten unehelichen Vaters zweitausendfünfhundert Mark übersteigt.

Für das Jahreseinkommen ist regelmäßig das Jahr maßgebend, das der Niederkunft vorangegangen ist.

§ 8. Als Wochenhilfe wird gewährt:

1. ein einmaliger Beitrag zu den Kosten der Entbindung in Höhe von fünfundzwanzig Mark,
2. ein Wochengeld von einer und einer halben Mark täglich, einschließlich der Sonn- und Feiertage, für acht Wochen, von denen mindestens sechs in die Zeit nach der Niederkunft fallen müssen,
3. eine Beihilfe bis zum Betrage von zehn Mark für Hebammendienste und ärztliche Behandlung, falls solche bei Schwangerschaftsbeschwerden erforderlich werden,
4. für Wöchnerinnen, solange sie ihre Neugeborenen stillen, ein Stillgeld in Höhe von einer halben Mark

täglich, einschließlich der Sonn- und Feiertage, bis zum Ablauf der zwölften Woche nach der Niederkunft.

Wird in den Fällen der §§ 2 und 4 eine zur Zeit der Niederkunft unterbrochene Beschäftigung im vaterländischen Hilfsdienst innerhalb acht oder zwölf Wochen nach der Niederkunft wieder aufgenommen, so ist das Wochengeld und Stillgeld vom Tage dieser Wiederaufnahme ab noch für den Rest der acht und zwölf Wochen zu zahlen. Dasselbe gilt entsprechend bei Aufnahme einer Beschäftigung im Falle des § 2 Abs. 2 Satz 3.

§ 9. Für die Leistungen der Wochenhilfe gelten die §§ 118, 119, 223 der Reichsversicherungsordnung entsprechend.

§ 10. Gehört die Wöchnerin einer Krankenkasse (Orts-, Land-, Betriebs-, Innungs-, knappschaftlichen Krankenkasse oder Ersatzkasse) an, so ist der Antrag auf Gewährung einer Wochenhilfe bei dieser Kasse zu stellen.

Er ist beim Arbeitgeber der Wöchnerin zu stellen, wenn sie auf Grund des § 418 oder des § 435 der Reichsversicherungsordnung von der Versicherung befreit ist.

Gehört die Wöchnerin zur Schiffsbesatzung deutscher Seefahrzeuge, so ist der Antrag bei der See-Berufsgenossenschaft in Hamburg zu stellen.

Wenn keine dieser Voraussetzungen zutrifft, aber der Ehemann der Wöchnerin einer Krankenkasse angehört oder auf Grund des § 418 oder des § 435 der Reichsversicherungsordnung von der Versicherung befreit ist oder zur Schiffsbesatzung deutscher Seefahrzeuge gehört, so ist der Antrag entsprechend bei der Krankenkasse oder dem Arbeitgeber des Ehemanns oder bei der See-Berufsgenossenschaft zu stellen.

§ 11. Der Antrag soll die tatsächlichen Angaben enthalten, aus welchen auf eine Verschlechterung der wirtschaftlichen Lage gemäß § 6 geschlossen werden kann.

§ 12. Krankenkasse, Arbeitgeber und See-Berufsgenossenschaft haben den Antrag unverzüglich an diejenige Kommission des Lieferungsverbandes weiterzureichen, in deren Bezirk der gewöhnliche Aufenthaltsort der Wöchnerin oder, wenn sie sich im Ausland aufhält, ihr letzter gewöhnlicher Aufenthaltsort im Inland liegt. Sie haben sich gleichzeitig darüber zu äußern, ob gegen sie ein Anspruch auf Wochenhilfe für die Wöchnerin besteht.

§ 13. Krankenkasse, Arbeitgeber und See-Berufsgenossenschaft, welche Wochenhilfe zu gewähren haben, können den Antrag auch selbst stellen, falls die Wöchnerin ihrer Aufforderung, ihn zu stellen, nicht binnen zwei Wochen entspricht.

§ 14. In allen anderen als den im § 10 bezeichneten Fällen ist der Antrag unmittelbar bei der Kommission des Lieferungsverbandes zu stellen.

Der Antrag muß außer den im § 11 erforderten Angaben die ausdrückliche Erklärung enthalten, daß weder die Wöchnerin noch ihr Ehemann einer Krankenkasse (§ 10 Abs. 1) angehören und, wenn sie Dienstbote oder landwirtschaftliche Arbeiter sind, auch, daß sie nicht zu den nach § 418 oder § 435 der Reichsversicherungsordnung Befreiten gehören.

§ 15. Für die Kommission gelten § 6 Abs. 2, § 8 des Gesetzes vom 28. Februar 1888 (Reichs-Gesetzbl. S. 59) auch hier; jedoch kann der Vorsitzende allein durch schriftlichen Bescheid Anträge zurückweisen, welche die im § 11 geforderten Angaben nicht enthalten. Diese Anträge können nach entsprechender Ergänzung wiederholt werden.

§ 16. Die Kommission entscheidet endgültig durch schriftlichen Bescheid; bei Ablehnung des Antrags sind die Gründe mitzuteilen.

War der Antrag durch die Krankenkasse einzureichen, so ist der Bescheid ihr abschriftlich mitzuteilen oder durch sie der Wöchnerin auszuhändigen. Das gleiche gilt für Arbeitgeber und die See-Berufsgenossenschaft.

§ 17. Krankenkasse, Arbeitgeber oder See-Berufsgenossenschaft, welche Wochenhilfe leisten müssen, haben sie weiter zu gewähren, auch wenn dem Antrag stattgegeben wird.

Bleiben die Leistungen hinter dem Maße des § 8 zurück, so hat der Verpflichtete (Abs. 1) sie darauf zu erhöhen.

§ 4 der Bekanntmachung vom 3. Dezember 1914 (Reichs-Gesetzbl. S. 492) gilt entsprechend, ebenso § 210 der Reichsversicherungsordnung.

Im übrigen wird die Wochenhilfe mit Ablauf jeder Woche durch die Stellen ausgezahlt, welche die Unterstützungen nach dem Gesetze vom 28. Februar 1888 zu zahlen haben.

§ 18. Die Lieferungsverbände haben den Krankenkassen, den Arbeitgebern und der See-Berufsgenossenschaft die Aufwendungen an Wochenhilfe zu erstatten, welche diese für die Zeit nach dem Inkrafttreten dieser Bekanntmachung den danach Berechtigten gemäß § 17 leisten, Wochengeld jedoch nur, soweit es die satzungsmäßige Höhe übersteigt.

Für Sachleistungen gemäß § 17 Abs. 3 ist in jedem Einzelfall als einmaliger Beitrag zu den Kosten der Entbindung (§ 8 Abs. 1 Nr. 1) der Betrag von fünfundzwanzig Mark und als Beihilfe für Hebammendienste und ärztliche Behandlung bei Schwangerschaftsbeschwerden (§ 8 Abs. 1 Nr. 3) der Betrag von zehn Mark zu erstatten.

§ 19. Die Gemeindebehörden haben die Kommissionen der Lieferungsverbände auf deren Verlangen bei der für Gewährung des Stillgeldes nötigen Überwachung zu unterstützen.

§ 20. Das Reich erstattet den Lieferungsverbänden vierteljährlich nach näherer Bestimmung des Reichskanzlers alle Aufwendungen für die Leistungen, die sie nach diesen Vorschriften zu machen haben.

§ 21. Diese Vorschriften treten mit dem Tage ihrer Verkündung in Kraft.

Wöchnerinnen, die vor dem Tage des Inkrafttretens dieser Bekanntmachung entbunden worden sind, erhalten vom genannten Tage ab das Wochengeld auf acht und das Stillgeld auf zwölf Wochen, jedoch in beiden Fällen abzüglich der zwischen dem Tage der Niederkunft und dem des Inkrafttretens liegenden Zeit.

Der Bundesrat behält sich vor, den Zeitpunkt des Außerkrafttretens der vorstehenden Vorschriften zu bestimmen.

Berlin, den 6. Juli 1917.

Der Stellvertreter des Reichskanzlers.
Dr. Helfferich.

Bekanntmachung des Reichskanzlers, betreffend Krankenversicherung und Wochenhilfe während des Krieges. Vom 22. November 1917. Ausgegeben den 1. Dezember 1917. (RGBl. S. 1085, AN. S. 627.)

Der Bundesrat hat auf Grund des § 3 des Gesetzes über die Ermächtigung des Bundesrats zu wirtschaftlichen Maßnahmen usw. vom 4. August 1914 (Reichs-Gesetzbl. S. 327) folgende Verordnung erlassen:

§ 1. Die im § 180 Abs. 1 der Reichsversicherungsordnung für die Festsetzung des Grundlohns bestimmte obere Grenze des durchschnittlichen Tagesentgelts wird von fünf auf acht Mark, die im Abs. 2 und 4 daselbst bestimmte obere Grenze des durchschnittlichen Tagesentgelts und des wirklichen Arbeitsverdienstes von sechs auf zehn Mark erhöht.

§ 4 der Bekanntmachung, betreffend Krankenversicherung von Arbeitern im Ausland, vom 14. Dezember 1916 (Reichs-Gesetzbl. S. 1383) erhält folgende Fassung:

Der Grundlohn bestimmt sich nach dem wirklichen Arbeitsverdienste des Versicherten bis zehn Mark für den Arbeitstag (§ 180 Abs. 2, 4 der Reichsversicherungsordnung).

§ 2. Orts-, Land-, Betriebs- und Innungskrankenkassen, bei denen Beiträge bis zu viereinhalb vom Hundert des Grundlohns zur Deckung der Regelleistungen ausreichen, können auf übereinstimmenden Beschluß der Arbeitgeber und Versicherten im Ausschuß zur Deckung von Mehrleistungen die Beiträge über viereinhalb vom Hundert bis auf sechs vom Hundert erhöhen.

§ 3. Die Satzung einer Krankenkasse kann mit Zustimmung des Oberversicherungsamts bis zu der Höchstgrenze von drei Vierteln des Grundlohns

1. das Krankengeld für Verheiratete und Ledige sowie nach der Zahl der Kinder und sonstigen Angehörigen abstufen, die der Versicherte bisher von seinem Arbeitsverdienste ganz oder überwiegend unterhalten hat,
2. für alle oder nur für die niedrigeren Mitgliederklassen oder Lohnstufen Zuschläge zum Krankengeld in einem für alle gleich hohen oder für die niedrigeren von ihnen erhöhten Betrage bewilligen,
3. das Wochengeld höher als das Krankengeld bemessen.

§ 4. Für uneheliche Kinder ist der Anspruch auf Wochenhilfe nach § 3 der Bekanntmachung vom 23. April 1915 (Reichs-Gesetzbl. S. 257) auch dann gegeben, wenn zwar Unterstützung auf Grund des § 2 Abs. 1 c des Gesetzes vom 4. August 1914 (Reichs-Gesetzbl. S. 332) nicht gewährt wird, aber die Verpflichtung eines Kriegsteilnehmers zur Gewährung des Unterhalts für das Kind festgestellt und die Mutter minderbemittelt ist.

§ 5. Diese Vorschriften treten mit dem Tage der Verkündung in Kraft.

Berlin, den 22. November 1917.

Der Reichskanzler.
In Vertretung:
Freiherr von Stein.

Bekanntmachung des Reichskanzlers über die Aufstellung der Jahresrechnung der Orts-, Land-, Betriebs- und Innungskrankenkassen. Vom 30. November 1917. Ausgegeben den 4. Dezember 1917. (RGBl. S. 1091, AN. S. 628.)

Der Bundesrat hat auf Grund des § 3 des Gesetzes über die Ermächtigung des Bundesrats zu wirtschaftlichen Maßnahmen usw. vom 4. August 1914 (Reichs-Gesetzbl. S. 327) folgende Verordnung erlassen:

§ 1. Orts-, Land-, Betriebs- und Innungskrankenkassen, welche im Einnahme- und Ausgabebuche (§ 14 der Bekanntmachung über Art und Form der Rechnungsführung der Orts-, Land-, Betriebs- und Innungskrankenkassen vom

9. Oktober 1913 — Zentralblatt für das Deutsche Reich S. 1009 —) die Einnahmen und Ausgaben nach den einzelnen Kapiteln und Titeln des Rechnungsabschlusses getrennt aufführen und am Jahresschlusse sowohl die Reineinnahme als auch die Reinausgabe feststellen, sind von der Aufstellung einer besonderen Jahresrechnung (§ 321 Ziffer 7 der Reichsversicherungsordnung) befreit. An Stelle der Jahresrechnung sind die Kassenbücher vorzulegen.

§ 2. Sind in der Satzung einer Orts-, Land-, Betriebs- oder Innungskrankenkasse Bestimmungen über die Aufstellung der Jahresrechnung enthalten, so kann, sofern die Kassenbücher entsprechend der Vorschrift des § 1 geführt werden, die Vorlegung der Kassenbücher an die Stelle der besonderen Jahresrechnung treten. Einer Satzungsänderung auf Grund dieser Vorschrift bedarf es nicht.

§ 3. Diese Vorschriften treten mit ihrer Verkündung in Kraft. Der Reichskanzler bestimmt den Zeitpunkt des Außerkrafttretens.

Berlin, den 30. November 1917.

Der Reichskanzler.
In Vertretung:
Freiherr von Stein.

Bekanntmachung des Reichskanzlers, betreffend Krankenversicherung und Wochenhilfe während des Krieges. Vom 17. März 1918. Ausgegeben den 19. März 1918. (RGBl. S. 129, AN. S. 275.)

Der Bundesrat hat auf Grund des § 3 des Gesetzes über die Ermächtigung des Bundesrats zu wirtschaftlichen Maßnahmen usw. vom 4. August 1914 (Reichs-Gesetzbl. S. 327) folgende Verordnung erlassen:

§ 1. Die Änderungen und Ergänzungen, welche gegenüber den Bestimmungen einer Kassensatzung über die Festsetzung des Grundlohns und die Bemessung der Beiträge zur Durchführung des § 1 der Bekanntmachung vom 22. November 1917, betreffend Krankenversicherung und Wochenhilfe während des Krieges (Reichs-Gesetzbl. S. 1085), dienen sollen, können ohne Aufnahme in die Satzung vom Vorstand beschlossen werden. Der Beschluß bedarf der Zustimmung des Oberversicherungsamts, dessen Entscheidung endgültig ist. Auch im Falle der Versagung entscheidet nicht die Beschlußkammer.

§ 2. Während der weiteren Dauer des Krieges erhalten die Kassenmitglieder einen Abdruck der Satzung und ihrer Änderung (§ 325 der Reichsversicherungsordnung) nur auf Antrag; im übrigen genügt die Mitteilung von Auszügen, welche die Bestimmungen über Mitgliedschaft, Leistungen und Beiträge nebst der Krankenordnung sowie Änderungen dieser Bestimmungen enthalten.

Die Mitglieder sind berechtigt, einen Abdruck der Satzung und ihrer Änderung in den Geschäftsräumen der Kasse während der üblichen Geschäftsstunden einzusehen.

§ 3. Der Anspruch einer Wöchnerin auf die Leistungen der Wochenhilfe nach § 8 der Bekanntmachung, betreffend Wochenhilfe während des Krieges, vom 3. Dezember 1914 (Reichs-Gesetzbl. S. 492) besteht auch dann, wenn die Beiträge zur Krankenkasse für die Wöchnerin auf Antrag des Arbeitgebers gemäß § 420 oder § 421 der Reichsversicherungsordnung unter Wegfall oder Kürzung des Anspruchs auf Krankengeld ermäßigt sind.

Was der Wöchnerin auf Grund dieses Anspruchs zusteht, gilt nicht als Barleistung im Sinne des § 425 der Reichsversicherungsordnung; der Arbeitgeber hat der Kasse dafür nichts zu erstatten.

Der Kassenvorstand kann die nach § 420 Abs. 3, § 421 der Reichsversicherungsordnung ermäßigten Beiträge mit Zustimmung des Versicherungsamts entsprechend der Steigerung der Kassenausgaben infolge dieser Wochenhilfe erhöhen; einer Satzungsänderung bedarf es nicht.

§ 4. Die Vorschriften der §§ 1, 2 treten mit dem Tage der Verkündung in Kraft.

§ 5. Die Vorschriften des § 3 treten mit Wirkung vom 3. Dezember 1914 in Kraft.

Ansprüche, über die das Feststellungsverfahren am Tage der Verkündung dieser Verordnung schwebt, unterliegen den Vorschriften des § 3.

Sind Ansprüche, die nach den Vorschriften des § 3 begründet sind, nach dem 2. Dezember 1914 rechtskräftig abgelehnt worden, so hat die Krankenkasse auf Antrag des Berechtigten einen neuen Bescheid zu erteilen; die Verjährungsfrist des § 223 Abs. 1 der Reichsversicherungsordnung beginnt für solche Anträge mit dem Tage der Verkündung dieser Vorschriften.

Berlin, den 17. März 1918.

Der Reichskanzler.
In Vertretung:
Freiherr von Stein.

Verordnung des Rates der Volksbeauftragten über Ausdehnung der Versicherungspflicht und Versicherungsberechtigung in der Krankenversicherung. Vom 22. November 1918. (RGBl. S. 1321, AN. S. 496.)*)

§ 1. Für den Fall der Krankheit werden bis auf weiteres nach den Vorschriften der Reichsversicherungsordnung versichert:

1. Betriebsbeamte, Werkmeister und andere Angestellte in ähnlich gehobener Stellung sämtlich, wenn diese Beschäftigung ihren Hauptberuf bildet,
2. Handlungsgehilfen und Gehilfen in Apotheken,
3. Bühnen- und Orchestermitglieder ohne Rücksicht auf den Kunstwert der Leistungen,
4. Lehrer und Erzieher,
5. Schiffer auf deutschen Seefahrzeugen, soweit sie nicht unter die §§ 553 bis 553 b des Handelsgesetzbuchs fallen, sowie auf Fahrzeugen der Binnenschiffahrt,

wenn sie gegen Entgelt beschäftigt werden und ihr regelmäßiger Jahresarbeitsverdienst mehr als zweitausendfünfhundert Mark, aber nicht mehr als fünftausend Mark an Entgelt beträgt.

§ 2. Die §§ 178, 314 Abs. 2 der Reichsversicherungsordnung werden aufgehoben.

Im § 313 Abs. 1 der Reichsversicherungsordnung erhält der letzte Satz folgende Fassung: „Es kann mit Zustimmung

*) Eine weitere Ausdehnung der Versicherungspflicht und Versicherungsberechtigung erfolgte durch die Verordnung des Reichsarbeitsministers über Aufhebung der Verordnung vom 1. April 1920 (RGBl. S. 433) und über Heraufsetzung des Grundlohns und Ausdehnung der Versicherungspflicht in der Krankenversicherung, vom 30. April 1920 (RGBl. S. 769) — s. unten S. 71.

des Kassenvorstandes in eine niedere Klasse oder Lohnstufe übertreten."

§ 3. Wer in der Zeit seit Beginn des Krieges wegen Überschreitens der Einkommensgrenze von zweitausendfünfhundert Mark aus seiner Krankenkasse oder knappschaftlichen Krankenkasse ausgeschieden ist, kann bei dieser Kasse binnen sechs Wochen nach dem Inkrafttreten dieser Vorschriften die Wiederaufnahme als Mitglied gemäß § 313 der Reichsversicherungsordnung beantragen, sofern er beim Ausscheiden zur Weiterversicherung berechtigt war und nicht jetzt nach § 1 versicherungspflichtig ist.

Die Kasse kann den Berechtigten, wenn er sich zum Beitritt meldet, ärztlich untersuchen lassen. Eine Erkrankung, die beim Wiedereintritt bereits besteht, begründet für diese Krankheit keinen Anspruch auf Kassenleistung.

Die Vorschriften des Abs. 1, 2 gelten sinngemäß für Personen, die seit Beginn des Krieges auf Grund des § 178 oder des § 314 Abs. 2 der Reichsversicherungsordnung aus der Kassenmitgliedschaft ausgeschieden sind.

§ 4. Sind seit Beginn des Krieges Personen der im § 1 bezeichneten Art trotz Überschreitens der Einkommensgrenze von zweitausendfünfhundert Mark von ihrer Krankenkasse oder knappschaftlichen Krankenkasse weiter wie versicherungspflichtige Mitglieder behandelt worden oder Versicherungsberechtigte trotz Überschreitens eines regelmäßigen jährlichen Gesamteinkommens von viertausend Mark Mitglieder ihrer Kasse geblieben, so kann diese Mitgliedschaft nachträglich nicht mehr angefochten werden. Dies gilt auch für Fälle, in denen beim Inkrafttreten dieser Vorschriften ein Streitverfahren schwebt.

§ 5. Die Frist zur Meldung der nach § 1 Versicherungspflichtigen (§ 317 der Reichsversicherungsordnung) läuft frühestens mit dem achten Tage nach dem Inkrafttreten dieser Vorschriften ab. Die Meldung kann wirksam schon vor dem Inkrafttreten dieser Vorschriften geschehen.

§ 6. Diese Vorschriften haben Gesetzeskraft und treten am 2. Dezember 1918 in Kraft.

Berlin, den 22. November 1918.

Der Rat der Volksbeauftragten.

Ebert. Haase.

Der Staatssekretär des Reichsarbeitsamts.

Bauer.

Verordnung des Rates der Volksbeauftragten über versicherungsrechtliche Wirkungen der Aufhebung des Hilfsdienstgesetzes. Vom 14. Dezember 1918. (RGBl. S. 1434 AN. 19 S. 150.)

I. Krankenversicherung und Wochenhilfe.

§ 1. Wer am Tage des Außerkrafttretens des Gesetzes, betreffend den vaterländischen Hilfsdienst, vom 5. Dezember 1916 (Reichs-Gesetzbl. S. 1333) *) eine Beschäftigung im vaterländischen Hilfsdienst ausübt, gilt noch bis zum 31. Dezember 1918, solange er das gleiche Beschäftigungsverhältnis fortsetzt, als im vaterländischen Hilfsdienst beschäftigt, soweit es sich um die Anwendung der besonderen Vorschriften über Krankenversicherung in der Verordnung über Ver-

---

*) Das Hilfsdienstgesetz ist durch Nr. 7 des Aufrufs des Rates der Volksbeauftragten an das deutsche Volk vom 12. November 1918 (RGBl. S. 1303) mit Wirkung vom 14. November 1918 aufgehoben worden.

sicherung der im vaterländischen Hilfsdienst Beschäftigten vom 24. Februar 1917 (Reichs-Gesetzbl. S. 171) handelt.

§ 2. Der § 6 der Verordnung vom 24. Februar 1917 (Reichs-Gesetzbl. S. 171) gilt noch für die Dauer von sechs Monaten nach dem Inkrafttreten der gegenwärtigen Verordnung.

§ 3. Hat eine Wöchnerin im Jahre vor der Niederkunft mindestens sechs Monate hindurch selbst eine Beschäftigung im Sinne des Hilfsdienstgesetzes ausgeübt, so steht ihr der Anspruch auf Wochenhilfe beim Vorliegen der übrigen Voraussetzungen des § 3 der Bekanntmachung über Wochenhilfe aus Anlaß des vaterländischen Hilfsdienstes vom 6. Juli 1917 (Reichs-Gesetzbl. S. 591) auch dann zu, wenn sie erst nach dem Außerkrafttreten des Hilfsdienstgesetzes entbunden wird. Auf die sechs Monate wird die Zeit einer Beschäftigungslosigkeit unmittelbar vor der Niederkunft bis zu vier Wochen angerechnet.

§ 4. Die Bekanntmachung vom 6. Juli 1917 (Reichs-Gesetzbl. S. 591) ist auf die in ihren §§ 2, 4 genannten Wöchnerinnen auch dann anzuwenden, wenn sie innerhalb sechs Wochen nach dem Außerkrafttreten des Hilfsdienstgesetzes entbunden werden. Voraussetzung ist, daß der Ehemann der Wöchnerin oder der Vater des unehelichen Kindes den Hilfsdienst bis zum Außerkrafttreten des Hilfsdienstgesetzes geleistet hat.

§ 5. Der Umstand, daß nach dem Außerkrafttreten des Hilfsdienstgesetzes eine Tätigkeit im vaterländischen Hilfsdienst nicht fortgesetzt werden kann, steht der unverkürzten Zahlung der Wochenhilfe aus Ansprüchen nicht entgegen, die auf Grund der Bekanntmachung vom 6. Juli 1917 (Reichs-Gesetzbl. S. 591) oder der §§ 3, 4 dieser Verordnung entstanden sind.

II. Unfallversicherung.
§§ 6—7.

III. Schlußvorschriften.

§ 8. Die Aufgaben des Reichskanzlers nach § 10 Abs. 2 Nr. 2 und § 19 der Verordnung vom 24. Februar 1917 (Reichs-Gesetzbl. S. 171) gehen auf den Staatssekretär des Reichsarbeitsamts über. Dieser ist befugt, den Erlaß von Ausführungsbestimmungen (§ 10 Abs. 2 Nr. 2 a. a. O.) anderen Behörden zu übertragen.

§ 9. Diese Verordnung hat Gesetzeskraft. Sie tritt mit Wirkung vom Tage des Außerkrafttretens des Hilfsdienstgesetzes *) in Kraft.

Berlin, den 14. Dezember 1918.

Der Rat der Volksbeauftragten.
Ebert. Haase.

Der Staatssekretär des Reichsarbeitsamts.
Bauer.

Verordnung des Rates der Volksbeauftragten über die Wochenhilfe aus Mitteln des Reichs. Vom 21. Dezember 1918. Ausgegeben den 27. Dezember 1918. (RGBl. S. 1467, AN. 19 S. 157.)

§ 1. Für Personen, die während des letzten Krieges dem Reiche Kriegs-, Sanitäts- oder ähnliche Dienste geleistet haben, gilt auch bei Wiederaufnahme einer Erwerbstätigkeit die Zeit nach der Entlassung aus diesen Diensten der Zeit ihrer Weiterleistung gleich, soweit es sich um An-

*) d. i. mit dem 14. November 1918. — s. oben.

sprüche auf Wochenhilfe für ihre Kinder aus Mitteln des Reichs nach den Bekanntmachungen vom 3. Dezember 1914, 28. Januar und 23. April 1915, 1. März und 22. November 1917 (Reichs-Gesetzbl. 1914 S. 492, 1915 S. 49, 257, 1917 S. 200, 1085) handelt und die Entbindung innerhalb sechs Wochen nach der Dienstentlassung stattfindet.

§ 2. Der Betrag des Stillgeldes, welcher aus Mitteln des Reichs weiter zu gewähren ist, wird von einer halben Mark auf fünfundsiebzig Pfennig täglich erhöht.

§ 3. Diese Verordnung hat Gesetzeskraft und tritt mit dem Tage ihrer Verkündung, jedoch mit der Maßgabe in Kraft, daß die Wochenhilfe nach § 1 auch dann zu gewähren ist, wenn die Entbindung innerhalb zwölf Wochen vor diesem Tage stattgefunden hat.

Berlin, den 21. Dezember 1918.

Der Rat der Volksbeauftragten.

Ebert. Haase.

Der Staatssekretär des Reichsarbeitsamts.

Bauer.

Verordnung des Rates der Volksbeauftragten zur Sicherung der ärztlichen Versorgung bei den Krankenkassen. Vom 23. Dezember 1918. Ausgegeben den 27. Dezember 1918. (RGBl. S. 1454.)

§ 1. Wo mit dem 31. Dezember 1918 oder im Laufe des Jahres 1919 die zwischen Krankenkassen und Ärzten über die Behandlung der Kassenmitglieder geschlossenen Verträge ablaufen und keine Vereinbarung über ihre Verlängerung oder den Abschluß neuer Verträge zustande kommt, gilt § 370 der Reichsversicherungsordnung nach Maßgabe der §§ 2 bis 5.

§ 2. Als Angebot „angemessener Bedingungen“ im Sinne des § 370 der Reichsversicherungsordnung ist es anzusehen, wenn eine Kasse ihren Ärzten vorgeschlagen hat, die Tätigkeit für die Kasse ohne Unterbrechung vorläufig bis zum 31. Dezember 1919 unter den Bedingungen des alten Vertrags fortzusetzen, vorbehaltlich jedoch eines Schiedsspruchs über eine Erhöhung der ärztlichen Bezüge für die Zeit vom Ablauf des alten Vertrags ab. Der Vorschlag muß ferner dahin gerichtet gewesen sein, daß die Erhöhung im allgemeinen 20 vom Hundert, beim Vorliegen besonderer Verhältnisse aber nicht weniger als 10 vom Hundert und nicht mehr als 33⅓ vom Hundert der alten Sätze betragen darf, während bei Fuhrkosten ohne Rücksicht auf diese Grenzen die gegenwärtigen ortsüblichen Preise berücksichtigt werden sollen. Ferner soll danach bei Bezahlung nach den Mindestsätzen der ärztlichen Gebührenordnung eine Heraufsetzung dieser Sätze, die seit dem Jahre 1918 stattgefunden hat, auf die zu bewilligende Erhöhung angerechnet werden.

§ 3. Für den Schiedsspruch (§ 2) sollen die Schiedsämter zuständig sein, die auf Grund des Einigungsabkommens zwischen Krankenkassen und Ärzten vom 23. Dezember 1913 (des sogenannten Berliner Abkommens) errichtet worden sind.

Wo ein Schiedsamt noch nicht errichtet ist, kann die Entscheidung einer Schiedsstelle vorbehalten werden, die aus dem Vorsitzenden des Oberversicherungsamts oder seinem Stellvertreter als Vorsitzenden und je zwei von der Kasse und ihren Ärzten gewählten Beisitzern besteht.

§ 4. Die im § 370 der Reichsversicherungsordnung dem Oberversicherungsamte (Beschlußkammer) übertragenen Obliegenheiten nimmt in den Fällen des § 1 das Versicherungsamt (Beschlußausschuß) wahr. Gegen seinen Beschluß hat der Kassenvorstand die Beschwerde bei dem Oberversicherungsamte (Beschlußkammer). Dieses entscheidet endgültig.

§ 5. Das Reichsarbeitsamt bestimmt, wie die Durchschnittsbeträge des gesetzlichen Krankengeldes im Sinne des § 370 der Reichsversicherungsordnung zu ermitteln und wieweit dabei Mitgliederklassen oder Lohnstufen mit einem sechs Mark übersteigenden Grundlohn zu berücksichtigen sind.

§ 6. Diese Verordnung hat Gesetzeskraft und tritt mit dem Tage der Verkündung in Kraft.

Berlin, den 23. Dezember 1918.

Der Rat der Volksbeauftragten.

Ebert. Haase.

Der Staatssekretär des Reichsarbeitsamts.

Bauer.

Verordnung der Reichsregierung zur Sicherung der Leistungsfähigkeit der Krankenkassen. Vom 13. Januar 1919. Ausgegeben den 18. Januar 1919. (RGBl. S. 41, AN. S. 158.)

§ 1. Die §§ 1, 2 des Gesetzes, betreffend Sicherung der Leistungsfähigkeit der Krankenkassen, vom 4. August 1914 (Reichs-Gesetzbl. S. 337) sowie § 2 der Bekanntmachung, betreffend Krankenversicherung und Wochenhilfe während des Krieges, vom 22. November 1917 (Reichs-Gesetzbl. S. 1085) werden aufgehoben. An ihrer Stelle treten die durch sie geänderten Vorschriften der Reichsversicherungsordnung wieder in Kraft.

An dem Maße der gegenwärtig von den Krankenkassen gewährten Leistungen und erhobenen Beiträge wird durch die Vorschrift des Abs. 1 nichts geändert.

§ 2. Diese Verordnung hat Gesetzeskraft und tritt mit ihrer Verkündung in Kraft.

Berlin, den 13. Januar 1919.

Die Reichsregierung.

Ebert. Scheidemann.

Der Staatssekretär des Reichsarbeitsamts.

Bauer.

Verordnung der Reichsregierung über Krankenversicherung.

Vom 3. Februar 1919. Ausgegeben den 14. Februar 1919. (RGBl. S. 191, AN. S. 158.)

§ 1. Im § 169 Abs. 1 der Reichsversicherungsordnung werden die Worte „die in Betrieben oder im Dienste des Reichs, eines Bundesstaats, eines Gemeindeverbandes, einer Gemeinde oder eines Versicherungsträgers Beschäftigten" durch die Worte ersetzt „Beamte in Betrieben oder im Dienste des Reichs, eines Bundesstaats, eines Gemeindeverbandes, einer Gemeinde oder eines Versicherungsträgers".

§ 169 Abs. 2 der Reichsversicherungsordnung erhält folgenden Wortlaut: Das gleiche gilt für Beschäftigte der im Abs. 1 bezeichneten Arbeitgeber, die auf Lebenszeit oder nach Landesrecht unwiderruflich oder mit Anrecht auf Ruhegehalt angestellt sind, sowie für Lehrer und Erzieher an öffentlichen Schulen oder Anstalten.

§ 2. Im § 170 Abs. 1 der Reichsversicherungsordnung werden die Worte „die in Betrieben oder im Dienste anderer öffentlicher Verbände oder öffentlicher Körperschaften Beschäftigten" durch die Worte ersetzt „Beamte in Betrieben oder im Dienste anderer öffentlicher Verbände oder öffentlicher Körperschaften".

Der § 170 Abs. 2 der Reichsversicherungsordnung erhält folgenden Wortlaut: Das gleiche gilt für Beamte der bisher landesherrlichen Hof-, Domanial-, Kameral-, Forst- und ähnlichen Verwaltungen, der bisher Herzoglich Braunschweigischen Landschaft und der Fürstlich Hohenzollernschen Fideikommißverwaltung.

Dem § 170 der Reichsversicherungsordnung ist folgender Abs. 3 hinzuzufügen: Das gleiche gilt ferner für Beschäftigte der im Abs. 1, 2 bezeichneten Arbeitg ber, die auf Lebenszeit oder nach Landesrecht unwiderruflich oder mit Anrecht auf Ruhegehalt angestellt sind.

§ 3. Im § 171 der Reichsversicherungsordnung fallen die Worte weg „in Betrieben oder im Dienste nicht öffentlicher Körperschaften oder".

§ 4. Die Versicherungsfreiheit von Personen, die ohne Beamteneigenschaft und ohne auf Lebenszeit oder nach Landesrecht unwiderruflich oder mit Anrecht auf Ruhegehalt angestellt zu sein, in Betrieben oder im Dienste der im § 169 Abs. 1, § 170 Abs. 1, 2 der Reichsversicherungsordnung bezeichneten Art beschäftigt werden, erlischt mit dem Inkrafttreten dieser Verordnung.

Das gleiche gilt für die Versicherungsfreiheit der in Betrieben oder im Dienste von nicht öffentlichen Körperschaften Beschäftigten.

Für Versicherungsfälle, die beim Inkrafttreten dieser Verordnung bereits eingetreten sind, gilt § 212 der Reichsversicherungsordnung entsprechend.

§ 5. Ist Personen der im § 4 genannten Art gegen ihren Arbeitgeber einer der im § 169 der Reichsversicherungsordnung bezeichneten Ansprüche gewährleistet, so kann ihnen der Arbeitgeber das Krankengeld auf die Barbezüge anrechnen, die er ihnen während der Krankheit weiterzuzahlen hat.

Dies gilt nicht, soweit der Anspruch auf einer gesetzlichen Verpflichtung beruht.

§ 6. Im § 173 der Reichsversicherungsordnung werden die Worte „auf die Dauer nur zu einem geringen Teile arbeitsfähig ist" durch die Worte ersetzt „eine Invalidenrente bezieht oder dauernd invalide im Sinne des § 1255 Abs. 2 ist".

Dem § 173 wird folgender Abs. 2 hinzugefügt: „Über den Antrag auf Befreiung entscheidet das Versicherungsamt (Beschlußausschuß) nach Anhörung des Kassenvorstandes. Die Befreiung wirkt vom Eingang des Antrags an. Wird der Antrag abgelehnt, so entscheidet auf Beschwerde das Oberversicherungsamt endgültig."

§ 7. Im § 175 Abs. 1 der Reichsversicherungsordnung fällt das Zitat des § 173 weg.

§ 8. Befreiungen von der Versicherungspflicht auf Grund des § 173 der Reichsversicherungsordnung in der alten Fassung erlöschen mit dem 29. Juni 1919, sofern die Befreiung bis dahin nicht von neuem beantragt und bewilligt worden ist.

§ 9. Neue Befreiungen von der Versicherungspflicht auf Grund des § 418 der Reichsversicherungsordnung finden nicht mehr statt.

Geltende Befreiungen erlöschen, soweit es nicht nach § 419 Abs. 1 der Reichsversicherungsordnung früher geschieht, mit dem 31. Dezember 1919. Die Vorschriften des § 419 Abs. 1 Satz 3, Abs. 2 und des § 422 der Reichsversicherungsordnung gelten entsprechend.

§ 10. Bis zu einer anderweiten gesetzlichen Regelung dürfen Betriebskrankenkassen für landwirtschaftliche Betriebe sowie für solche Betriebe nicht öffentlich-rechtlicher Körperschaften nicht mehr neu errichtet werden, deren Beschäftigte beim Inkrafttreten dieser Verordnung sämtlich oder zum größeren Teile auf Grund des § 171 der Reichsversicherungsordnung von der Versicherungspflicht befreit waren.

§ 11. Neue Befreiungen von der Versicherungspflicht für Dienstboten auf Grund des § 435 der Reichsversicherungsordnung finden nicht mehr statt. Geltende Befreiungen erlöschen, vorbehaltlich des Abs. 2 und des § 12 Abs. 1, mit dem Inkrafttreten dieser Verordnung. Die Vorschriften des § 419 Abs. 1 Satz 3, Abs. 2 und des § 422 der Reichsversicherungsordnung gelten entsprechend.

Sind nach § 435 der Reichsversicherungsordnung die im örtlichen Zusammenhange mit einem landwirtschaftlichen Betriebe beschäftigten Dienstboten und zugleich nach § 418 der Reichsversicherungsordnung die in diesem landwirtschaftlichen Betriebe Beschäftigten von der Versicherung befreit, so erlischt auf Antrag des gemeinsamen Arbeitgebers auch die Befreiung der nicht zu den landwirtschaftlich Beschäftigten gehörigen Dienstboten zu dem im § 9 Abs. 2 bezeichneten Zeitpunkt.

§ 12. Für Dienstboten, deren Versorgung in Krankheitsfällen eine für solche Zwecke besonders geschaffene Einrichtung übernommen hat, erlischt die Befreiung erst mit dem 29. Juni 1919.

Müssen solche Einrichtungen infolge Wegfalls der Befreiung ihren Geschäftsbetrieb einstellen, so soll die Krankenkasse, der die bisher befreiten Dienstboten als Mitglieder zufallen, tunlichst die von der Einrichtung nicht nur vorübergehend angestellten Personen übernehmen. Mehrere beteiligte Krankenkassen sollen dies anteilig tun. Das Versicherungsamt soll hierauf bei den Kassen hinwirken.

Sind Dienstboten bei einer solchen Einrichtung nach deren Satzung über das Dienstverhältnis hinaus weiter versichert, so können sie binnen drei Wochen nach dem 29. Juni 1919 bei der Krankenkasse (Abs. 2) die Aufnahme als Mitglieder gemäß § 313 der Reichsversicherungsordnung in derjenigen Klasse oder Lohnstufe beantragen, welche ihrer Versicherung bei der Einrichtung am meisten entspricht. Auf Beschwerde entscheidet hierüber das Versicherungsamt endgültig.

§ 13. Der § 518 der Reichsversicherungsordnung fällt weg. Die auf Grund des § 518 vom Bundesrat erlassenen Anordnungen über die Abführung von Beitragsanteilen der Arbeitgeber an die Ersatzkassen verlieren mit dem 29. Juni 1919 ihre Wirkung.

§ 14. Beantragt ein versicherungspflichtiges Mitglied einer Ersatzkasse, das während des gegenwärtigen Krieges dem Reiche oder einer ihm verbündeten Macht Kriegs-, Sanitäts- oder ähnliche Dienste geleistet hat und nach § 7 der Bekanntmachung, betreffend Krankenversicherung bei Ersatzkassen, vom 5. Juli 1916 (Reichs-Gesetzbl. S. 655) in die Ersatzkasse wieder aufgenommen worden ist, binnen drei Monaten nach dem Wiedereintritt das Ruhen der Rechte und Pflichten bei der Krankenkasse, so wirkt der Antrag auch dann von seinem Eingang bei der Krankenkasse an, wenn er beim Eintritt in diese nicht rechtzeitig im Sinne des § 519 Abs. 1 der Reichsversicherungsordnung gestellt worden ist oder die Wiederaufnahme in die Ersatzkasse erst nach dem Eintritt in die Krankenkasse geschehen ist. Der Krankenkasse ist Name und Sitz der Ersatzkasse mitzuteilen und die Wiederaufnahme in die Ersatzkasse nachzuweisen.

Wird die Frist von drei Monaten nicht innegehalten, so bewendet es bei den Vorschriften des § 520 der Reichsversicherungsordnung.

§ 15. Die Beschäftigten, deren Versicherungsfreiheit infolge dieser Vorschriften erlischt, sind binnen drei Tagen nach Beginn der Versicherungspflicht gemäß § 317 der Reichsversicherungsordnung zu melden. Soweit indessen die Versicherungsfreiheit schon mit dem Inkrafttreten dieser Vorschriften erlischt, läuft die Frist zur Meldung frühestens mit dem vierzehnten Tage nach dem Inkrafttreten dieser Vorschrift ab.

§ 16. Diese Verordnung hat Gesetzeskraft und tritt mit dem ersten Montag *) nach dem Tage ihrer Verkündung in Kraft.

Berlin, den 3. Februar 1919.

Die Reichsregierung.

Ebert. Scheidemann.

Der Staatssekretär des Reichsarbeitsamts.

Bauer.

---

*) d. i. am 17. Februar 1919.

Verordnung der Reichsregierung über die Wahl des Vorstandsvorsitzenden bei den Ortskrankenkassen und über die Kassenangestellten. Vom 5. Februar 1919. Ausgegeben den 12. Februar 1919. (RGBl. S. 181, AN. S. 161.)

§ 1. Der § 328 der Reichsversicherungsordnung erhält folgenden Wortlaut: „Die Vorstandsmitglieder der Ortskrankenkassen wählen aus ihrer Mitte in ungetrennter Wahlhandlung den Vorsitzenden des Vorstandes sowie einen oder mehrere Stellvertreter für ihn."

§ 2. Die §§ 329, 330 der Reichsversicherungsordnung fallen weg.

§ 3. Der § 349 der Reichsversicherungsordnung erhält folgenden Wortlaut: „Bei den Orts-, Land- und Innungskrankenkassen beruft der Vorstand die aus Mitteln der Kassen bezahlten Angestellten."

§ 4. Der § 350 der Reichsversicherungsordnung fällt weg.

§ 5. Im § 351 Abs. 1 der Reichsversicherungsordnung fallen die Worte „oder nach § 359 deren Rechte und Pflichten haben" weg.

§ 6. Im § 353 Abs. 1 der Reichsversicherungsordnung erhält Nr. 3 folgenden Wortlaut: „3. unter welchen Bedingungen Anstellung auf Lebenszeit oder nach Landesrecht unwiderruflich erfolgt und Ruhegehalt und Hinterbliebenenfürsorge gewährt werden."

§ 7. Im § 354 der Reichsversicherungsordnung erhält der Abs. 2 folgenden Wortlaut: „Nach zehnjähriger Beschäftigung darf die Kündigung oder Entlassung solcher Angestellten nur aus einem wichtigen Grunde stattfinden."

§ 8. Der § 355 Abs. 2 der Reichsversicherungsordnung fällt weg.

Der Abs. 3 daselbst erhält folgenden Wortlaut: „Die Dienstordnung bedarf der Genehmigung des Oberversicherungsamts. Diese darf nur versagt werden, wenn ein wichtiger Grund vorliegt, insbesondere, wenn Zahl oder Besoldung der Angestellten in auffälligem Mißverhältnisse zu ihren Aufgaben steht."

§ 9. Im § 359 der Reichsversicherungsordnung fallen die Absätze 1 bis 5 weg.

§ 10. Landesrechtliche Vorschriften und Anordnungen, die auf Grund des § 359 Abs. 4 getroffen sind, werden aufgehoben. Kassenangestellte, die danach beim Inkrafttreten dieser Verordnung die Rechte und Pflichten der staatlichen oder gemeindlichen Beamten bereits besitzen, behalten für ihre Person diese Rechte insoweit, als nach Landesrecht für staatliche oder gemeindliche Beamte ein Vorrecht hinsichtlich der Gemeindebesteuerung besteht.

§ 11. Wer, ohne nach Landesrecht staatlicher oder gemeindlicher Beamter zu sein, am Tage des Inkrafttretens dieser Verordnung von einer Orts-, Land- oder Innungskrankenkasse auf Lebenszeit unwiderruflich oder mit Anspruch auf Ruhegehalt angestellt ist, wird der Dienstordnung seiner Krankenkasse unterstellt, unbeschadet der Ansprüche oder Anwartschaften auf Gehalt, Ruhegehalt, Wartegeld oder ähnliche Bezüge, die ihm am genannten Tage bereits zustehen.

§ 12. Diese Verordnung hat Gesetzeskraft und tritt mit dem Tage der Verkündung in Kraft.

Berlin, den 5. Februar 1919.

Die Reichsregierung.
Ebert. Scheidemann.

Der Staatssekretär des Reichsarbeitsamts.
Bauer.

Verordnung des Reichsministeriums über Versicherung der Besatzung von Seefahrzeugen. Vom 31. Mai 1919. (RGBl. S. 509, AN. S. 317.)

Das Reichsministerium verordnet auf Grund des Gesetzes zur Durchführung der Waffenstillstandsbedingungen vom 6. März 1919 (Reichs-Gesetzbl. S. 286) was folgt:

Die Anwendung der reichsgesetzlichen Vorschriften über Krankenversicherung, Wochenhilfe, Unfall-, Invaliden- und Hinterbliebenenversicherung sowie über Angestelltenversicherung auf deutsche Schiffsbesatzungen wird dadurch nicht ausgeschlossen, daß das Seefahrzeug zur Durchführung der mit den Gegnern des Deutschen Reichs vereinbarten Waffenstillstandsbedingungen der Kontrolle und der Flagge der feindlichen Staaten unterstellt ist.

Für Deutsche, die nicht zur Schiffsbesatzung gehören, gilt § 1046 Nr. 2 der Reichsversicherungsordnung.

Der Reichsarbeitsminister wird ermächtigt, weitere Bestimmungen zur Durchführung der Versicherung zu erlassen.

Diese Verordnung tritt mit Wirkung vom 1. April 1919 in Kraft.

Berlin, den 31. Mai 1919.

Das Reichsministerium.
Scheidemann.

Gesetz über Landkrankenkassen, Kassenangestellte und Ersatzkassen. Vom 28. Juni 1919. (RGBl. S. 615, AN. S. 350.)

Die verfassunggebende Deutsche Nationalversammlung hat das folgende Gesetz beschlossen, das nach Zustimmung des Staatenausschusses hiermit verkündet wird:

I. Zusammensetzung des Vorstandes und Ausschusses bei den Landkrankenkassen.

§ 1. Im § 328 der Reichsversicherungsordnung in der Fassung des § 1 der Verordnung vom 5. Februar 1919 (Reichs-Gesetzbl. S. 181) fallen hinter dem Worte „Vorstandsmitglieder" die Worte „der Ortskrankenkasse" weg.

§ 2. Der § 331 der Reichsversicherungsordnung fällt weg.

§ 3. Der § 333 der Reichsversicherungsordnung erhält im Eingang folgenden Wortlaut: „Die beteiligten volljährigen Arbeitgeber und die volljährigen Versicherten wählen ihre Vertreter je aus ihrer Mitte" usw.

§ 4. Der § 336 der Reichsversicherungsordnung fällt weg.

§ 5. Die nach den Vorschriften der §§ 331 und 336 Abs. 1, 2 der Reichsversicherungsordnung gewählten Vorstands- und Ausschußmitglieder der Landkrankenkassen bleiben so lange im Amte, bis die nach den geänderten Vorschriften der §§ 328, 333 der Reichsversicherungsordnung Gewählten eintreten. Die Amtsdauer der letzteren endigt am 1. Dezember 1923, auch wenn sie vor dem 1. Januar 1920 ihr Amt antreten.

II. Berufung und Beamteneigenschaft von Kassenangestellten.

§ 6. Der § 349 der Reichsversicherungsordnung erhält folgenden Wortlaut:

> „Bei den Krankenkassen werden die aus Mitteln der Kassen bezahlten Stellen der Beamten und derjenigen Angestellten, für welche die Dienstordnung (§ 351) gilt, mit zwei Drittel Mehrheit durch den Vorstand besetzt."

§ 7. Der § 350 der Reichsversicherungsordnung erhält folgenden Wortlaut:

„Kommt kein Anstellungsbeschluß zustande, so bestellt das Versicherungsamt auf Kosten der Kasse widerruflich die für die Geschäfte der Stelle erforderlichen Personen."

§ 8. Angestellte von Krankenkassen, die bis zum 12. Februar 1919 nach § 359 der Reichsversicherungsordnung Rechte und Pflichten der staatlichen oder gemeindlichen Beamten hatten, treten in diese Rechte und Pflichten wieder ein, wenn sie ihren Willen hierzu dem Versicherungsamte gegenüber erklären. Diese Erklärung ist schriftlich binnen sechs Wochen nach dem Inkrafttreten dieses Gesetzes bei dem Vorsitzenden des Kassenvorstandes einzureichen und von ihm unverzüglich an das Versicherungsamt abzugeben. Sie wirkt von ihrem Eingang beim Versicherungsamt ab.

§ 9. Hat eine Krankenkasse vor dem 12. Februar 1919 einen Angestellten aus dem Staats- oder Gemeindedienst unter Vereinbarungen übernommen, durch die er gemäß § 359 der Reichsversicherungsordnung nach einer bestimmten Zeit oder unter bestimmten Voraussetzungen Rechte und Pflichten eines Staats- oder Gemeindebeamten erlangt haben würde, so tritt er in diese Rechte und Pflichten ein, wenn er es binnen sechs Wochen nach Ablauf jener Zeit oder nach Eintritt jener Voraussetzungen beim Versicherungsamte beantragt. Der Lauf dieser Frist beginnt nicht vor dem Inkrafttreten dieses Gesetzes.

Wird der Antrag abgelehnt, so entscheidet auf Beschwerde das Oberversicherungsamt endgültig.

Die Entscheidungen über den Antrag sind auch dem Vorstand der Kasse mitzuteilen.

§ 10. Die Dienstordnung der Krankenkasse gilt nicht für Angestellte, die nach den §§ 8, 9 in die Rechte und Pflichten der staatlichen oder gemeindlichen Beamten eintreten oder wieder eintreten.

III. Abführung von Beitragsteilen der Arbeitgeber an die Ersatzkassen.

§ 11. An Stelle des § 13 der Verordnung vom 3. Februar 1919 (Reichs-Gesetzbl. S. 191) treten folgende Vorschriften:

§ 13. Ersatzkassen, für die auf Grund des § 518 der Reichsversicherungsordnung eine Anordnung über die Abführung von Beitragsteilen der Arbeitgeber erlassen worden ist, haben für versicherungspflichtige Mitglieder, deren Rechte und Pflichten bei der Krankenkasse nach § 517 Abs. 1 der Reichsversicherungsordnung ruhen, Anspruch auf den vollen Beitragsteil des Arbeitgebers. Der Arbeitgeber hat den Beitragsteil statt an die Krankenkasse unmittelbar an die Ersatzkasse einzuzahlen.

§ 13 a. Streit über den Anspruch der Ersatzkasse gegen den Arbeitgeber (§ 13) wird nach § 405 Abs. 2, § 1799 der Reichsversicherungsordnung entschieden.

Für Rückstände gelten §§ 28, 29 Abs. 1, 2 der Reichsversicherungsordnung entsprechend.

§ 13 b. Scheidet ein versicherungspflichtiges Mitglied (§ 13) aus der Ersatzkasse aus oder nimmt es den Antrag auf Ruhen der Rechte und Pflichten bei der Krankenkasse zurück, so haben die nach § 522 der Reichsversicherungsordnung verpflichteten Organe oder Angestellten der Ersatzkasse den Arbeitgeber binnen einer Woche nach dem Eintritt der Veränderung zu benachrichtigen.

Der § 530 Abs. 3, 4 der Reichsversicherungsordnung gilt entsprechend.

IV. Schlußvorschrift.

§ 12. Dieses Gesetz tritt mit dem 29. Juni 1919 in Kraft.

Berlin, den 28. Juni 1919.

Der Reichspräsident. Ebert.

Der Reichsarbeitsminister. Schlicke.

Gesetz über Wochenhilfe und Wochenfürsorge. Vom 26. September 1919. (RGBl. S. 1757, AN. S. 404.)*)

Die verfassunggebende Deutsche Nationalversammlung hat das folgende Gesetz beschlossen, das nach Zustimmung des Reichsrats hiermit verkündet wird:

I. Wochenhilfe.

§ 1. Der § 179 Abs. 1 der Reichsversicherungsordnung erhält folgenden Wortlaut:

„Gegenstand der Versicherung sind die in diesem Buche vorgeschriebenen Leistungen der Krankenkassen (§ 225) an Krankenhilfe, Wochenhilfe, Sterbegeld und an Familienhilfe."

§ 2. An Stelle des § 195 der Reichsversicherungsordnung treten folgende Vorschriften:

---

*) Dieses Gesetz ist durch das Gesetz, betreffend Änderung des Gesetzes über Wochenhilfe und Wochenfürsorge vom 26. September 1919, vom 30. April 1920 (RGBl. S. 853) abgeändert und in seiner geänderten Fassung durch die Bekanntmachung des Reichsarbeitsministers, betreffend die jetzige Fassung des Gesetzes über Wochenhilfe und Wochenfürsorge, vom 22. Mai 1920 (RGBl. S. 1069) neu veröffentlicht worden — s. unten S. 75.

§ 195 a. Wöchnerinnen, die im letzten Jahre vor der Niederkunft mindestens sechs Monate hindurch auf Grund der Reichsversicherung oder bei einer knappschaftlichen Krankenkasse gegen Krankheit versichert gewesen sind, erhalten als Wochenhilfe

1. einen einmaligen Beitrag zu den Kosten der Entbindung in Höhe von fünfzig Mark,
2. ein Wochengeld in Höhe des Krankengeldes, jedoch mindestens einundeinehalbe Mark täglich, einschließlich der Sonn- und Feiertage für zehn Wochen, von denen mindestens sechs in die Zeit nach der Niederkunft fallen müssen,
3. eine Beihilfe bis zum Betrage von fünfundzwanzig Mark für Hebammendienste und ärztliche Behandlung, falls solche bei Schwangerschaftsbeschwerden erforderlich werden,
4. solange sie ihre Neugeborenen stillen, ein Stillgeld in Höhe des halben Krankengeldes, jedoch mindestens fünfundsiebzig Pfennig täglich einschließlich der Sonn- und Feiertage, bis zum Ablauf der zwölften Woche nach der Niederkunft.

Neben Wochengeld wird Krankengeld nicht gewährt; die Wochen nach der Niederkunft müssen zusammenhängen.

§ 195 b. Die Satzung kann die Dauer des Wochengeldbezugs bis auf dreizehn Wochen, des Stillgeldbezugs bis auf sechsundzwanzig Wochen erweitern.

§ 195 c. Die Vorstände der Krankenkassen, knappschaftlichen Krankenkassen und Ersatzkassen können beschließen, statt der baren Beihilfen nach § 195 a Nr. 1 und 3 freie Behandlung durch Hebamme und Arzt sowie die erforderliche Arznei bei der Niederkunft und bei Schwangerschaftsbeschwerden zu gewähren. Es ist zulässig, auch nur eine oder mehrere der genannten Sachleistungen gegen entsprechende Aufrechnung an der Barentschädigung zu gewähren.

Ein solcher Beschluß kann nur allgemein für alle Wöchnerinnen gefaßt werden, denen die Kasse nach § 195 a Wochenhilfe zu leisten hat.

§ 3. Der § 197 der Reichsversicherungsordnung erhält folgenden Wortlaut:

„Ist die Wöchnerin während des letzten Jahres bei mehreren Krankenkassen, knappschaftlichen Krankenkassen oder Ersatzkassen versichert gewesen, so haben die anderen der leistungspflichtigen Kasse auf Verlangen die Leistungen aus den §§ 195 a, 195 c, 196 nach Verhältnis der Mitgliedzeit zu erstatten. Dabei ist für Aufwendungen, welche die Kasse nach § 195 c gemacht hat, in jedem Einzelfall als einmaliger Beitrag zu den Kosten der Entbindung (§ 195 a Abs. 1 Nr. 1) der Betrag von fünfzig Mark und als Beihilfe für Hebammendienste und ärztliche Behandlung bei Schwangerschaftsbeschwerden (§ 195 a Abs. 1 Nr. 3) der Betrag von fünfzehn Mark zu ersetzen.

Der Erstattungsanspruch ist nur bis zur Höhe des Anspruchs begründet, welcher der Wöchnerin gegen die erstattungspflichtige Kasse zugestanden hätte, wenn diese leistungspflichtig gewesen wäre. Für Leistungen, welche diese Kasse nach § 195 c gewährt, werden die im Abs. 1 Satz 2 bezeichneten Beträge angesetzt."

§ 4. Der § 198 der Reichsversicherungsordnung fällt weg.

§ 5. Die Nr. 3 des § 199 der Reichsversicherungsordnung fällt weg.

§ 6. Der § 200 der Reichsversicherungsordnung fällt weg.

§ 7. Im § 419 Abs. 2 der Reichsversicherungsordnung erhält der letzte Halbsatz folgenden Wortlaut:

„..... ebenso gelten entsprechend die §§ 195 a bis 195 c, 196, 197, 199, 224."

§ 8. Der Umstand, daß nach der Beendigung des letzten Krieges dem Reiche nicht mehr Kriegs-, Sanitäts- oder ähnliche Dienste im Sinne der Bekanntmachungen, betreffend Wochenhilfe während des Krieges, vom 3. Dezember 1914 (Reichs-Gesetzbl. S. 492), über Krankenversicherung und Wochenhilfe während des Krieges vom 28. Januar 1915 (Reichs-Gesetzbl. S. 49) und der Bekanntmachung, betreffend Ausdehnung der Wochenhilfe während des Krieges, vom 23. April 1915 (Reichs-Gesetzbl. S. 257) geleistet werden, steht der unverkürzten Zahlung der Wochenhilfe aus Ansprüchen nicht entgegen, die auf Grund dieser Bekanntmachungen, der Verordnung, betreffend Krankenversicherung und Wochenhilfe während des Krieges, vom 1. März 1917 (Reichs-Gesetzbl. S. 200) oder der Bekanntmachung, betreffend Krankenversicherung und Wochenhilfe während des Krieges, vom 22. November 1917 (Reichs-Gesetzbl. S. 1085) entstanden sind.

Für Personen, die während des letzten Krieges dem Reiche Kriegs-, Sanitäts- oder ähnliche Dienste geleistet haben, steht bei Anwendung der im Abs. 1 bezeichneten Bekanntmachungen sowie der Verordnung, betreffend Krankenversicherung und Wochenhilfe während des Krieges, vom 1. März 1917 (Reichs-Gesetzbl. S. 200) die Zeit zwischen der Beendigung des Krieges und der Entlassung aus den Kriegs-, Sanitäts- oder ähnlichen Diensten der Zeit der Leistung dieser Dienste gleich. Für die Zeit nach der Entlassung gilt § 1 der Verordnung über die Wochenhilfe aus Mitteln des Reichs vom 21. Dezember 1918 (Reichs-Gesetzbl. S. 1467) entsprechend.

§ 9. Die Leistungen, die nach den im § 8 bezeichneten Bekanntmachungen und Verordnungen zu zahlen sind, werden insoweit erhöht, daß der Entbindungsbeitrag fünfzig Mark beträgt, die Beihilfe bei Schwangerschaftsbeschwerden bis zum Betrage von fünfundzwanzig Mark gewährt und das Wochengeld für zehn Wochen gezahlt wird.

II. Familienhilfe.

§ 10. An Stelle des § 205 der Reichsversicherungsordnung treten folgende Vorschriften:

§ 205 a. Versicherungsfreie Ehefrauen, Töchter, Stief- und Pflegetöchter der Versicherten, die mit diesen in häuslicher Gemeinschaft leben, erhalten als Wochenhilfe die im § 195 a bezeichneten Leistungen. Dabei beträgt das Wochengeld einundeinehalbe Mark täglich, das Stillgeld fünfundsiebzig Pfennig täglich. Die Satzung kann den Betrag des Wochengeldes und des Stillgeldes je bis auf die Hälfte des Krankengeldes des Versicherten erhöhen.

Die §§ 195 b, 195 c, 196, 197, 199 geltend entsprechend.

§ 205 b. Die Satzung kann zubilligen:

1. Krankenpflege an versicherungsfreie Familienmitglieder der Versicherten,
2. Sterbegeld beim Tode des Ehegatten oder eines Kindes eines Versicherten. Es kann für den Ehegatten bis auf zwei Drittel, für ein Kind bis auf die Hälfte des Mitgliedersterbegeldes bemessen werden und ist um den Betrag des Sterbegeldes zu kürzen, auf das der Verstorbene selbst gesetzlich versichert war.

§ 205 c. Für den Übergang von Schadenersatzansprüchen versicherungsfreier Familienmitglieder (§§ 205 a, 205 b) auf die Krankenkassen gilt § 1542 entsprechend.

§ 205 d. Die Leistungen der Kasse nach § 205 a werden ihr durch das Reich zur Hälfte erstattet. § 197 Abs. 1 Satz 2 gilt entsprechend.

Die Kasse hat die verauslagten Beträge dem Versicherungsamte nachzuweisen; dieses hat das Recht der Beanstandung; das Oberversicherungsamt entscheidet darüber endgültig. Soweit die Kassen auf Grund des § 205 c Ersatz erhalten, hat das Reich Anspruch auf Anrechnung der Hälfte.

Das Nähere über die Nachweisung, Verrechnung und Zahlung bestimmt das Reichsarbeitsministerium.

§ 11. Der § 216 Abs. 2 der Reichsversicherungsordnung erhält folgenden Wortlaut:

„Hat der Berechtigte im Inland Angehörige, denen Familienhilfe zusteht, so ist diese zu gewähren."

§ 12. Sind in der Landwirtschaft Beschäftigte oder Dienstboten nach den §§ 418, 435 der Reichsversicherungsordnung von der Versicherungspflicht befreit, so hat der Arbeitgeber den versicherungsfreien weiblichen Familienmitgliedern (§ 205 a) der Befreiten, die mit diesen in häuslicher Gemeinschaft leben, die im § 195 a der Reichsversicherungsordnung in der Fassung des § 2 dieses Gesetzes bezeichneten Leistungen aus eigenen Mitteln zu gewähren. Die §§ 195 b, 195 c, 196, 197, 199 der Reichsversicherungsordnung, der § 205 a Abs. 1 Satz 2, 3, § 205 c der Reichsversicherungsordnung in der Fassung des § 10 dieses Gesetzes sowie die §§ 224, 422 der Reichsversicherungsordnung gelten entsprechend.

§ 13. Im § 500 Abs. 1 der Reichsversicherungsordnung wird Ziffer „205 d" eingefügt. Hinter § 507 Abs. 1 Satz 1 ist einzufügen: „§ 205 d findet Anwendung."

§ 14. Im § 1542 der Reichsversicherungsordnung ist vor dem Worte „Krankheit" einzufügen „Schwangerschaft".

III. Beiträge.

§ 15. Der § 384 Abs. 2 Satz 1 der Reichsversicherungsordnung erhält folgenden Wortlaut:

„Kassen mit Familienhilfe nach § 205 b können von den Versicherten mit Familienangehörigen einen Zusatzbeitrag erheben, den die Satzung allgemein festzusetzen hat."

§ 16. In den §§ 386, 388 der Reichsversicherungsordnung werden die Worte: „viereinhalb vom Hundert" durch die Worte: „siebeneinhalb vom Hundert", im § 267 Nr. 2, § 389 Abs. 1, § 390 Satz 1 der Reichsversicherungsordnung die Worte: „sechs vom Hundert" durch die Worte: „zehn vom Hundert" ersetzt.

IV. Wochenfürsorge.

§ 17. Minderbemittelte Wöchnerinnen, für die nach den vorstehenden Vorschriften kein Anspruch auf Wochenhilfe besteht, erhalten aus Mitteln des Reichs eine Wochenfürsorge.

Als minderbemittelt gilt

1. eine verheiratete Wöchnerin, wenn ihres Ehemanns und ihr Gesamteinkommen in dem Jahre oder Steuerjahre vor der Entbindung den Betrag von zweitausendfünfhundert Mark nicht überstiegen hat. Dieser Betrag erhöht sich für jedes vorhandene Kind unter fünfzehn Jahren um zweihundertfünfzig Mark;

2. eine unverheiratete Wöchnerin, wenn ihr Gesamteinkommen in dem Jahre oder Steuerjahre vor der Entbindung den Betrag von zweitausend Mark nicht überstiegen hat. Die Vorschrift in Nr. 1 Satz 2 gilt entsprechend.

§ 18. Die Wochenfürsorge wird durch die Allgemeine Ortskrankenkasse, in deren Bezirk der gewöhnliche Aufenthaltsort der Wöchnerin liegt, und, wo eine solche Kasse nicht besteht, durch die Landkrankenkasse geleistet.

§ 19. Als Wochenfürsorge werden die im § 195a der Reichsversicherungsordnung in der Fassung des § 2 dieses Gesetzes bezeichneten Leistungen gewährt. Dabei beträgt das Wochengeld einundeinehalbe Mark, das Stillgeld fünfundsiebzig Pfennig täglich. § 195c der Reichsversicherungsordnung in der Fassung des § 2 dieses Gesetzes gilt entsprechend.

§ 20. Die Leistungen der Kasse werden ihr durch das Reich erstattet. § 197 Abs. 1 Satz 2 der Reichsversicherungsordnung in der Fassung des § 3 dieses Gesetzes gilt entsprechend.

Die Kasse hat die verauslagten Beträge dem Versicherungsamte nachzuweisen, dieses hat das Recht der Beanstandung, das Oberversicherungsamt entscheidet darüber endgültig.

Das Nähere über die Nachweisung, Verrechnung und Zahlung bestimmt das Reichsarbeitsministerium.

§ 21. Soweit eine unverheiratete Wöchnerin von dem Vater des Kindes Ersatz von Entbindungs- und sonstigen Kosten verlangen kann, geht der Anspruch auf das Reich in Höhe der von ihm zu erstattenden Beträge über.

Das gleiche gilt für den Unterhaltsanspruch der Wöchnerin gegen unterhaltspflichtige Verwandte.

Neben den Verwandten haftet dem Reiche der Vater des Kindes als Gesamtschuldner.

§ 22. Einer Satzungsänderung auf Grund der Vorschriften der §§ 17 bis 20 bedarf es für die Kassen nicht.

§ 23. Für das Verfahren bei Streit zwischen den Empfangsberechtigten und den Kassen über die Leistungen nach den §§ 17 bis 19 gelten die Vorschriften der Reichsversicherungsordnung über das Verfahren bei Streitigkeiten aus der Krankenversicherung; jedoch entscheidet das Oberversicherungsamt endgültig; die §§ 1693, 1799 der Reichsversicherungsordnung gelten entsprechend.

Für die Leistungen und den Anspruch darauf gelten die §§ 118, 119, 210, 219, 220, 222 bis 224 der Reichsversicherungsordnung entsprechend.

Die Steuerbehörden haben den Kassen und den Versicherungsbehörden auf Anfordern Auskunft über die Verhältnisse der Wöchnerin oder ihres Ehemanns zu geben.

V. Schlußvorschriften.

§ 24. Die Vorschriften der §§ 8, 9 treten mit der Beendigung des Krieges in Kraft.

Im übrigen tritt dieses Gesetz mit dem 1. Oktober 1919 in Kraft. Wöchnerinnen, die vor diesem Tage entbunden worden sind, erhalten von diesem Tage ab das Wochengeld und das Stillgeld nach diesem Gesetze, jedoch abzüglich der zwischen dem Tage der Niederkunft und dem 1. Oktober 1919 liegenden Zeit. Steht der Wöchnerin für diese Zeit ein Anspruch auf Wochenhilfe nach anderen Vorschriften zu, so bewendet es bei diesen Vorschriften. Ist am 1. Oktober 1919 die Bezugsdauer für das Wochengeld oder das Stillgeld zwar nach diesen Vorschriften, nicht aber nach dem vorliegenden Gesetz abgelaufen, so sind der Wöchnerin diese Leistungen bis zum 1. Oktober 1919 weiterzugewähren.

§ 25. Soweit Gesetze und andere Rechtsnormen auf Vorschriften verweisen, welche dieses Gesetz ändert oder aufhebt, treten an deren Stelle die entsprechenden Vorschriften dieses Gesetzes.

Berlin, den 26. September 1919.

Der Reichspräsident. Ebert. Der Reichsarbeitsminister. Schlicke.

Verordnung des Reichsarbeitsministers über aushilfsweise Zuständigkeit von Trägern und Behörden der Reichsversicherung. Vom 16. Februar 1920. Ausgegeben den 18. Februar 1920. (RGBl. S. 239).

Auf Grund des Gesetzes über eine vereinfachte Form der Gesetzgebung für die Zwecke der Übergangswirtschaft vom 17. April 1919 (Reichs-Gesetzbl. S. 394) wird von der Reichsregierung mit Zustimmung des Reichsrats und des von der verfassunggebenden Deutschen Nationalversammlung gewählten Ausschusses folgendes verordnet:

§§ 1—4

(betreffen die Invaliden- und Unfallversicherung).

§ 5. Personen, die außerhalb der nach dem Friedensvertrag abzutretenden Teile des Reichsgebiets wohnen, können Ansprüche aus der Krankenversicherung, die ihnen gegen eine Krankenkasse innerhalb jener Gebietsteile zustehen und nicht auf die Zeit vor dem 1. Juli 1918 entfallen, gegen die allgemeine Ortskrankenkasse ihres jetzigen Wohnorts geltend machen. Besteht dort für Versicherte ihrer Art eine besondere Ortskrankenkasse, eine Landkrankenkasse oder eine knappschaftliche Krankenkasse, so hat diese Leistungen zu gewähren. Das Reichsversicherungsamt kann bestimmen, wieweit statt des Nachweises des Anspruchs seine Glaubhaftmachung genügt.

Der Antrag des Berechtigten ersetzt das Erfordern der verpflichteten Kasse nach § 219 der Reichsversicherungsordnung. Soweit Erstattung nach § 222 der Reichsversicherungsordnung nicht zu erreichen ist, bleibt der Erlaß anderer Vorschriften über die Erstattungspflicht vorbehalten.

Werden die Mittel einer allgemeinen Ortskrankenkasse oder einer Landkrankenkasse durch diese vorläufige Verpflichtung übermäßig in Anspruch genommen, so hat ihr auf Erfordern des Oberversicherungsamts der Gemeindeverband den nötigen Vorschuß zu leisten. Die oberste Verwaltungsbehörde kann hierüber Näheres bestimmen.

§ 6. Sind Personen, die zur freiwilligen oder zur Weiterversicherung (§§ 176, 313 der Reichsversicherungsordnung) bei einer Krankenkasse befugt waren, infolge der Ausführung des Friedensvertrags oder der Verhältnisse in den der Abtretung ausgesetzten Teilen des Reichsgebiets an der Ausübung dieser Befugnis verhindert und auch nicht anderweit wieder in die Versicherung eingetreten, so können sie innerhalb einer Frist von zwei Monaten seit der Verkündung dieser Verordnung oder seit dem späteren Eintritt der Behinderung die Zulassung zur freiwilligen oder zur Weiterversicherung bei der Ortskrankenkasse ihres neuen Wohnorts nachsuchen. Waren sie bisher bei einer Landkrankenkasse versichert oder zur Versicherung berechtigt, so tritt an die Stelle der Ortskrankenkasse die Landkrankenkasse ihres neuen Wohnorts.

§ 310 der Reichsversicherungsordnung gilt entsprechend.

Soweit Personen der im Abs. 1 genannten Art bereits vor dem Inkrafttreten dieser Verordnung zur freiwilligen oder zur Weiterversicherung bei einer deutschen Krankenkasse zugelassen worden sind, behält es dabei sein Bewenden.

§ 7. Das Reichsversicherungsamt wird ermächtigt, für Angelegenheiten der Arbeiterversicherung das örtlich zuständige Versicherungsamt oder Oberversicherungsamt zu bestimmen, soweit die Ausführung des Friedensvertrags oder die Verhältnisse in den der Abtretung ausgesetzten Teilen des Reichsgebiets dies erforderlich machen.

§ 8. Diese Verordnung tritt mit dem Tage der Verkündung in Kraft. Der Reichsarbeitsminister bestimmt den Zeitpunkt des Außerkrafttretens.

Berlin, den 16. Februar 1920.

Der Reichsarbeitsminister.
J. V.: Geib.

Verordnung des Reichsarbeitsministers über Aufhebung der Verordnung vom 1. April 1920 (Reichs-Gesetzbl. S. 433) und über Heraufsetzung des Grundlohns und Ausdehnung der Versicherungspflicht in der Krankenversicherung. Vom 30. April 1920. Ausgegeben den 3. Mai 1920. (RGBl. S. 769.)

A.

Auf Grund des § 1 Abs. 2 des Gesetzes über eine vereinfachte Form der Gesetzgebung für die Zwecke der Übergangswirtschaft vom 17. April 1919 (Reichs-Gesetzbl. S. 394) wird die Verordnung über Heraufsetzung des Grundlohns und Ausdehnung der Versicherungspflicht in der Krankenversicherung vom 1. April 1920 (Reichs-Gesetzbl. S. 433) aufgehoben.*)

*) Diese Verordnung hatte für die Festsetzung des Grundlohns keine Grenze vorgesehen und die Versicherungspflicht und Versicherungsberechtigung auf Personen mit einem Jahresarbeitsverdienst bis zu 20 000 Mark ausgedehnt.

B.

Auf Grund des unter A genannten Gesetzes vom 17. April 1919 wird von der Reichsregierung mit Zustimmung des Reichsrats und des von der Nationalversammlung gewählten Ausschusses folgendes verordnet:

I. Heraufsetzung des Grundlohns.

§ 1. Der § 180 der Reichsversicherungsordnung erhält folgende Fassung:

> Die baren Leistungen der Kassen werden nach einem Grundlohn bemessen. Als solchen bestimmt die Satzung entweder den durchschnittlichen Tagesentgelt der Mitglieder oder den wirklichen Arbeitsverdienst der einzelnen Versicherten. Den durchschnittlichen Tagesentgelt kann sie nach denjenigen Klassen von Versicherten, für welche die Klasse errichtet ist, oder stufenweise nach der verschiedenen Lohnhöhe der Versicherten festsetzen.
>
> Bei der Festsetzung des Grundlohns muß der Entgelt berücksichtigt werden, soweit er vierundzwanzig Mark für den Arbeitstag nicht übersteigt; die Satzung kann ihn darüber hinaus berücksichtigen, soweit er dreißig Mark für den Arbeitstag nicht übersteigt.
>
> Die Festsetzung nach dem durchschnittlichen Tagesentgelt innerhalb der im Abs. 2 bestimmten Grenzen bedarf der Zustimmung des Oberversicherungsamts (Beschlußkammer).
>
> Für freiwillig Beitretende, für die sich hiernach kein Grundlohn ermitteln läßt, bestimmt ihn die Satzung.

§ 2. Soweit nach den Vorschriften der Reichsversicherungsordnung Ersatzleistungen für Krankenpflege, Krankenhauspflege oder Unterhalt in einer Anstalt nach dem Grundlohn zu bemessen sind, kann der Reichsarbeitsminister im Falle eines Bedürfnisses den für diese Ersatzleistungen maßgebenden Höchstsatz des Grundlohns allgemein bis auf zehn Mark herabsetzen.

§ 3. Über die Satzungsänderungen auf Grund des § 1 haben die Organe der Kassen innerhalb vier Monaten nach Inkrafttreten dieser Verordnung zu beschließen. Bis zur Genehmigung der Satzungsänderung durch das Oberversicherungsamt setzt der Kassenvorstand die nach § 1 erforderlichen oder zulässigen Änderungen des Grundlohns vorläufig fest.

§ 4. Für Beschäftigte, die zur Mitgliedschaft bei einer Orts-, Land- oder Innungskrankenkasse oder bei einer knappschaftlichen Krankenkasse verpflichtet sind und für die nach den Vorschriften dieser Verordnung ein höherer Grundlohn in Betracht kommt als der bisherige höchste Grundlohn ihrer Kasse, haben die Arbeitgeber der Kasse binnen vier Wochen nach dem Inkrafttreten dieser Vorschriften die zur Berechnung der Beiträge erforderlichen Angaben zu machen.

Zuwiderhandlungen werden gleich Zuwiderhandlungen gegen § 318 der Reichsversicherungsordnung bestraft.

II. Ausdehnung der Versicherungspflicht.

§ 5. Im § 1 der Verordnung über Ausdehnung der Versicherungspflicht und Versicherungsberechtigung in der Krankenversicherung vom 22. November 1918 (Reichs-Gesetzbl. S. 1321) wird das Wort „fünftausend" durch das Wort „fünfzehntausend" ersetzt.

§ 6. Wer in der Zeit seit dem 2. Dezember 1918 wegen Überschreitens der Einkommensgrenze von fünftausend Mark aus seiner Krankenkasse oder knappschaftlichen Krankenkasse ausgeschieden ist, kann bei dieser Kasse binnen sechs Wochen nach dem Inkrafttreten dieser Vorschriften die Wiederaufnahme als Mitglied gemäß § 313 der Reichsversicherungsordnung beantragen, sofern er beim Ausscheiden zur Weiterversicherung berechtigt war und nicht jetzt nach § 5 versicherungspflichtig ist.

Die Kasse kann den Berechtigten, wenn er sich zum Beitritt meldet, ärztlich untersuchen lassen. Eine Erkrankung, die beim Wiedereintritte bereits besteht, begründet für diese Krankheit keinen Anspruch auf Kassenleistung.

Wer einer Ersatzkasse angehört und nach Erlaß dieser Verordnung in einer knappschaftlichen Krankenkasse versicherungspflichtig wird, kann auf seinen Antrag von der Versicherungspflicht in der knappschaftlichen Krankenkasse befreit werden.

§ 7. Sind seit dem 2. Dezember 1918 Personen der im § 1 der Verordnung vom 22. November 1918 (Reichs-Gesetzbl. S. 1321) bezeichneten Art trotz Überschreitens der Einkommensgrenze von fünftausend Mark von ihrer Krankenkasse oder knappschaftlichen Krankenkasse weiter wie versicherungspflichtige Mitglieder behandelt worden, so kann diese Mitgliedschaft nachträglich nicht mehr angefochten werden. Dies gilt auch für solche Fälle, in denen beim Inkrafttreten dieser Vorschriften ein Streitverfahren schwebt.

§ 8. Die Frist zur Meldung derjenigen Beschäftigten, welche durch die Vorschrift des § 5 der Versicherungspflicht neu unterstellt werden, wird bis zum achten Tage nach dem Inkrafttreten dieser Vorschriften erstreckt, soweit sie nicht nach § 317 der Reichsversicherungsordnung darüber hinausläuft. Die Meldung kann wirksam schon vor dem Inkrafttreten dieser Vorschriften geschehen.

III. Schlußvorschriften.

§ 9. Die Vorschriften der §§ 1 bis 4 treten am Tage der Verkündung mit Wirkung vom 7. April 1920 an in Kraft. Mit dem gleichen Tage tritt § 1 der Bekanntmachung, betreffend Krankenversicherung und Wochenhilfe während des Krieges, vom 22. November 1917 (Reichs-Gesetzbl. S. 1085) außer Kraft.

§ 10. Die Vorschriften der §§ 5 bis 8 treten mit dem 10. Mai 1920 in Kraft. Haben solche Mitglieder von Ersatzkassen, auf welche die Verordnung vom 1. April 1920 die Versicherungspflicht ausdehnte, Anträge nach § 517 der Reichsversicherungsordnung gestellt, so werden diese Anträge infolge der Aufhebung der genannten Verordnung nicht unwirksam.

Berlin, den 30. April 1920.

Der Reichsarbeitsminister.

Schlicke.

Bekanntmachung des Reichsarbeitsministers, betreffend die jetzige Fassung des Gesetzes über Wochenhilfe und Wochenfürsorge. Vom 22. Mai 1920. Ausgegeben den 26. Mai 1920. (RGBl. S. 1069).

Die Fassung des Gesetzes über Wochenhilfe und Wochenfürsorge vom 26. September 1919 (Reichs-Gesetzbl. S. 1757) wird auf Grund des § 18 des zu seiner Änderung erlassenen Gesetzes vom 30. April 1920 (Reichs-Gesetzbl. S. 853) nachstehend bekanntgemacht:

I. Wochenhilfe.

§ 1. Der § 179 Abs. 1 der Reichsversicherungsordnung erhält folgenden Wortlaut:

„Gegenstand der Versicherung sind die in diesem Buche vorgeschriebenen Leistungen der Krankenkassen (§ 225) an Krankenhilfe, Wochenhilfe, Sterbegeld und an Familienhilfe."

§ 2. An Stelle des § 195 der Reichsversicherungsordnung treten folgende Vorschriften:

§ 195 a. Wöchnerinnen, die im letzten Jahre vor der Niederkunft mindestens sechs Monate hindurch auf Grund der Reichsversicherung oder bei einer knappschaftlichen Krankenkasse gegen Krankheit versichert gewesen sind, erhalten als Wochenhilfe

1. einen einmaligen Beitrag zu den Kosten der Entbindung in Höhe von fünfzig Mark;
2. ein Wochengeld in Höhe des Krankengeldes, jedoch mindestens einundeinehalbe Mark täglich, einschließlich der Sonn- und Feiertage, für zehn Wochen, von denen vier in die Zeit vor und sechs in die Zeit nach der Entbindung fallen. Das Wochengeld für die ersten vier Wochen ist mit dem Tage der Entbindung fällig;
3. eine Beihilfe bis zum Betrage von fünfundzwanzig Mark für Hebammendienste und ärztliche Behandlung, falls solche bei Schwangerschaftsbeschwerden erforderlich werden;
4. solange sie ihre Neugeborenen stillen, ein Stillgeld in Höhe des halben Krankengeldes, jedoch mindestens fünfundsiebzig Pfennig täglich, einschließlich der Sonn- und Feiertage, bis zum Ablauf der zwölften Woche nach der Niederkunft.

Neben Wochengeld wird Krankengeld nicht gewährt, die Wochen nach der Niederkunft müssen zusammenhängen.

Wechselt die Wöchnerin während der Leistung der Wochenhilfe die Kassenzugehörigkeit, so bleibt die erstverpflichtete Kasse für die weitere Durchführung der Leistung zuständig.

§ 195 b. Die Satzung kann die Dauer des Wochengeldbezugs bis auf dreizehn Wochen, des Stillgeldbezugs bis auf sechsundzwanzig Wochen erweitern.

Die Satzung kann mit Zustimmung des Oberversicherungsamts das Wochengeld höher als das Krankengeld, und zwar bis zur Höchstgrenze von drei Vierteln des Grundlohns bemessen.

Stirbt eine Wöchnerin bei der Entbindung oder während der Zeit der Unterstützungsberechtigung, so werden die noch fälligen Bezüge aus der Reichswochenhilfe an denjenigen gezahlt, der für den Unterhalt des Kindes sorgt.

§ 195 c. Die Vorstände der Krankenkassen, knappschaftlichen Krankenkassen und Ersatzkassen können beschließen, statt der baren Beihilfen nach § 195 a Nr. 1 und 3 freie Behandlung durch Hebamme und Arzt sowie die erforderliche Arznei bei der Niederkunft und bei Schwangerschaftsbeschwerden zu gewähren. Es ist zulässig, auch nur eine oder mehrere der genannten Sachleistungen gegen entsprechende Aufrechnung an der Barentschädigung zu gewähren.

Ein solcher Beschluß kann nur allgemein für alle Wöchnerinnen gefaßt werden, denen die Kasse nach § 195 a Wochenhilfe zu leisten hat.

§ 195 d. Das Landesgesetz kann vorschreiben, daß die Krankenkassen an eine öffentlich-rechtliche Körperschaft, die zur Hilfe bei der Niederkunft und bei der Schwangerschaft den bei der Kasse Versicherten fest angestellte und besoldete Hebammen zur Verfügung stellt, einen Betrag in Höhe der für solche Hilfeleistungen bestimmten Gebühr zu entrichten haben. Um diesen Betrag ermäßigen sich dann die baren Beihilfen nach § 195 a Nr. 1 und 3.

Diese Vorschrift gilt auch für Ersatzkassen, soweit die Rechte und Pflichten ihrer Mitglieder bei deren Krankenkasse nach § 517 Abs. 1 ruhen, sowie für knappschaftliche Krankenkassen.

§ 3. Der § 197 der Reichsversicherungsordnung erhält folgenden Wortlaut:

„Ist die Wöchnerin während des letzten Jahres bei mehreren Krankenkassen, knappschaftlichen Krankenkassen oder Ersatzkassen versichert gewesen, so haben die anderen der leistungspflichtigen Kasse auf Verlangen die Leistungen aus den §§ 195 a, 195 c, 196 nach Verhältnis der Mitgliedzeit zu erstatten. Dabei ist für Aufwendungen, welche die Kasse nach § 195 c gemacht hat, in jedem Einzelfall als einmaliger Beitrag zu den Kosten der Entbindung (§ 195 a Abs. 1 Nr. 1) der Betrag von fünfzig Mark und als Beihilfe für Hebammendienste und ärztliche Behandlung bei Schwangerschaftsbeschwerden (§ 195 a Abs. 1 Nr. 3) der Betrag von fünfzehn Mark zu ersetzen.

Der Erstattungsanspruch ist nur bis zur Höhe des Anspruchs begründet, welcher der Wöchnerin gegen die erstattungspflichtige Kasse zugestanden hätte, wenn diese leistungspflichtig gewesen wäre. Für Leistungen, welche diese Kasse nach § 195 c gewährt, werden die im Abs. 1 Satz 2 bezeichneten Beträge angesetzt."

§ 4. Der § 198 der Reichsversicherungsordnung fällt weg.

§ 5. Die Nr. 3 des § 199 der Reichsversicherungsordnung fällt weg.

§ 6. Der § 200 der Reichsversicherungsordnung fällt weg.

§ 7. Im § 419 Abs. 2 der Reichsversicherungsordnung erhält der letzte Halbsatz folgenden Wortlaut:

„. . . ebenso gelten entsprechend die §§ 195 a bis 195 c, 196, 197, 199, 224."

§ 8. Der Umstand, daß nach der Beendigung des letzten Krieges dem Reiche nicht mehr Kriegs-, Sanitäts- oder ähnliche Dienste im Sinne der Bekanntmachungen, betreffend Wochenhilfe während des Krieges, vom 3. Dezember 1914 (Reichs-Gesetzbl. S. 492), über Krankenversicherung und Wochenhilfe während des Krieges vom 28. Januar 1915 (Reichs-Gesetzbl. S. 49) und der Bekanntmachung, betreffend Ausdehnung der Wochenhilfe während des Krieges, vom 23. April 1915 (Reichs-Gesetzbl. S. 257) geleistet werden, steht der unverkürzten Zahlung der Wochenhilfe aus Ansprüchen nicht entgegen, die auf Grund dieser Bekanntmachungen, der Verordnung, betreffend Krankenversicherung und Wochenhilfe während des Krieges, vom 1. März 1917 (Reichs-Gesetzbl. S. 200) oder der Bekanntmachung, betreffend Krankenversicherung und Wochenhilfe während des Krieges, vom 22. November 1917 (Reichs-Gesetzbl. S. 1085) entstanden sind.

Für Personen, die während des letzten Krieges dem Reiche Kriegs-, Sanitäts- oder ähnliche Dienste geleistet haben, steht bei Anwendung der im Abs. 1 bezeichneten Bekanntmachungen sowie der Verordnung, betreffend Krankenversicherung und Wochenhilfe während des Krieges, vom 1. März 1917 (Reichs-Gesetzbl. S. 200) die Zeit zwischen der Beendigung des Krieges und der Entlassung aus den Kriegs-, Sanitäts- oder ähnlichen Diensten der Zeit der Leistung dieser Dienste gleich. Für die Zeit nach der Entlassung gilt § 1 der Verordnung über die

Wochenhilfe aus Mitteln des Reichs vom 21. Dezember 1918 (Reichs-Gesetzbl. S. 1467) entsprechend.

§ 9. Die Leistungen, die nach den im § 8 bezeichneten Bekanntmachungen und Verordnungen zu zahlen sind, werden insoweit erhöht, daß der Entbindungsbeitrag fünfzig Mark beträgt, die Beihilfe bei Schwangerschaftsbeschwerden bis zum Betrage von fünfundzwanzig Mark gewährt und das Wochengeld für zehn Wochen gezahlt wird.

II. Familienhilfe.

§ 10. An Stelle des § 205 der Reichsversicherungsordnung treten folgende Vorschriften:

§ 205 a. Wochenhilfe erhalten auch die Ehefrauen sowie solche Töchter, Stief- und Pflegetöchter der Versicherten, welche mit diesen in häuslicher Gemeinschaft leben, wenn

1. sie ihren gewöhnlichen Aufenthalt im Inland haben,
2. ihnen ein Anspruch auf Wochenhilfe nach § 195 a nicht zusteht, und
3. die Versicherten im letzten Jahre vor der Niederkunft mindestens sechs Monate hindurch auf Grund der Reichsversicherung oder bei einer knappschaftlichen Krankenkasse gegen Krankheit versichert gewesen sind.

Als Wochenhilfe werden die im § 195 a bezeichneten Leistungen gewährt; dabei beträgt das Wochengeld einundeinehalbe Mark täglich, das Stillgeld fünfundsiebzig Pfennig täglich. Die Satzung kann den Betrag des Wochengeldes und des Stillgeldes je bis auf die Hälfte des Krankengeldes der Versicherten erhöhen.

Wechseln die Versicherten während der Leistung der Wochenhilfe die Kassenzugehörigkeit, so bleibt die erstverpflichtete Kasse für die weitere Durchführung der Leistung zuständig.

Die §§ 195 b, 195 c, 195 d, 196, 197, 199 gelten entsprechend.

Die Satzung kann mit Zustimmung des Oberversicherungsamts bestimmen, wieweit von der Voraussetzung des Abs. 1 Nr. 1 abzusehen ist.

Sind mehrere Krankenkassen oder knappschaftliche Krankenkassen beteiligt, so ist die Wochenhilfe nur einmal zu gewähren. Die Wahl der Kasse steht der Wöchnerin frei. Der Krankenkasse im Sinne dieser Vorschrift steht eine Ersatzkasse gleich, soweit die Rechte und Pflichten ihrer Mitglieder bei deren Krankenkasse nach § 517 Abs. 1 ruhen.

§ 205 b. Die Satzung kann zubilligen:

1. Krankenpflege an solche Familienangehörige der Versicherten, welche darauf nicht anderweit nach diesem Gesetz Anspruch haben,
2. Sterbegeld beim Tode des Ehegatten oder eines Kindes eines Versicherten. Es kann für den Ehegatten bis auf zwei Drittel, für ein Kind bis auf die Hälfte des Mitgliedersterbegeldes bemessen werden und ist um den Betrag des Sterbegeldes zu kürzen, auf das der Verstorbene selbst gesetzlich versichert war.

§ 205 c. Für den Übergang von Schadenersatzansprüchen berechtigter Familienmitglieder (§§ 205 a, 205 b) auf die Krankenkassen gilt § 1542 entsprechend.

§ 205 d. Die Leistungen der Kasse nach § 205 a werden ihr durch das Reich zur Hälfte erstattet. § 197 Abs. 1 Satz 2 gilt entsprechend.

Die Kasse hat die verauslagten Beträge dem Versicherungsamte nachzuweisen; dieses hat das Recht der Beanstandung; das Oberversicherungsamt entscheidet darüber endgültig. Soweit die Kassen auf Grund des § 205 c Ersatz erhalten, hat das Reich Anspruch auf Anrechnung der Hälfte.

Das Nähere über die Nachweisung, Verrechnung und Zahlung bestimmt das Reichsarbeitsministerium.

Die Kasse kann beantragen, daß ihr vom Reiche auf die ihm zur Last fallenden Leistungen ein Vorschuß bis zu dem Betrage gewährt wird, den die Kasse im voraufgegangenen Monat für das Reich verauslagt hat. Der Vorschuß ist bei der nächsten Verrechnung der geleisteten Zahlungen auszugleichen.

§ 11. Der § 216 Abs. 2 der Reichsversicherungsordnung erhält folgenden Wortlaut:

„Hat der Berechtigte im Inland Angehörige, denen Familienhilfe zusteht, so ist diese zu gewähren.“

§ 12. Sind in der Landwirtschaft Beschäftigte oder Dienstboten nach den §§ 418, 435 der Reichsversicherungsordnung von der Versicherungspflicht befreit, so gilt § 205 a der Reichsversicherungsordnung in der Fassung des § 10 dieses Gesetzes entsprechend. Der Arbeitgeber hat der Wöchnerin die im § 195 a der Reichsversicherungsordnung bezeichneten Leistungen aus eigenen Mitteln zu gewähren. Ferner gelten die §§ 205 c, 224, 422 der Reichsversicherungsordnung entsprechend.

§ 13. Im § 500 Abs. 1 der Reichsversicherungsordnung wird Ziffer „205 d“ eingefügt. Hinter § 507 Abs. 1 Satz 1 ist einzufügen: „205 d findet Anwendung.“

§ 14. (Weggefallen.)

III. Beiträge.

§ 15. Der § 384 Abs. 2 Satz 1 der Reichsversicherungsordnung erhält folgenden Wortlaut:

„Kassen mit Familienhilfe nach § 205 b können von den Versicherten mit Familienangehörigen einen Zusatzbeitrag erheben, den die Satzung allgemein festzusetzen hat."

§ 16. In den §§ 386, 388 der Reichsversicherungsordnung werden die Worte: „viereinhalb vom Hundert" durch die Worte: „siebeneinhalb vom Hundert", im § 267 Nr. 2, § 389 Abs. 1, § 390 Satz 1 der Reichsversicherungsordnung die Worte: „sechs vom Hundert" durch die Worte: „zehn vom Hundert" ersetzt.

IV. Wochenfürsorge.

§ 17. Minderbemittelte deutsche Wöchnerinnen, die ihren gewöhnlichen Aufenthalt im Inland haben und für die nach den vorstehenden Vorschriften kein Anspruch auf Wochenhilfe besteht, erhalten aus Mitteln des Reichs eine Wochenfürsorge.

Sofern nicht Tatsachen die Annahme rechtfertigen, daß eine Beihilfe nicht benötigt wird, gilt eine Wöchnerin als minderbemittelt, wenn ihr und ihres Ehemanns Gesamteinkommen oder, sofern sie alleinsteht, ihr eigenes Einkommen in dem Jahre oder Steuerjahre vor der Entbindung den Betrag von viertausend Mark nicht überstiegen hat. Dieser Betrag erhöht sich für jedes vorhandene Kind unter fünfzehn Jahren um fünfhundert Mark.

§ 18. Die Wochenfürsorge wird durch die Allgemeine Ortskrankenkasse, in deren Bezirk der gewöhnliche Aufenthaltsort der Wöchnerin liegt, und, wo eine solche Kasse nicht besteht, durch die Landkrankenkasse geleistet.

§ 19. Als Wochenfürsorge werden die im § 195 a der Reichsversicherungsordnung in der Fassung des § 2 dieses Gesetzes bezeichneten Leistungen gewährt. Dabei beträgt das Wochengeld einundeinehalbe Mark, das Stillgeld fünfundsiebzig Pfennig täglich. Die §§ 195 c, 195 d der Reichsversicherungsordnung in der Fassung des § 2 dieses Gesetzes gelten entsprechend.

§ 20. Die Leistungen der Kasse werden ihr durch das Reich erstattet. § 197 Abs. 1 Satz 2 der Reichsversicherungsordnung in der Fassung des § 3 dieses Gesetzes gilt entsprechend.

Die Kasse hat die verauslagten Beträge dem Versicherungsamte nachzuweisen, dieses hat das Recht der Beanstandung, das Oberversicherungsamt entscheidet darüber endgültig.

Das Nähere über die Nachweisung, Verrechnung und Zahlung bestimmt das Reichsarbeitsministerium. § 205 d Abs. 4 gilt entsprechend.

§ 21. (Weggefallen.)

§ 22. Einer Satzungsänderung auf Grund der Vorschriften der §§ 17 bis 20 bedarf es für die Kassen nicht.

§ 23. Für das Verfahren bei Streit zwischen den Empfangsberechtigten und den Kassen über die Leistungen nach den §§ 17 bis 19 gelten die Vorschriften der Reichsversicherungsordnung über das Verfahren bei Streitigkeiten aus der Krankenversicherung; jedoch entscheidet das Oberversicherungsamt endgültig; die §§ 1693, 1799 der Reichsversicherungsordnung gelten entsprechend.

Für die Leistungen und den Anspruch darauf gelten die §§ 118, 119, 210, 216, 217, 223, 224, 1531 bis 1533 der Reichsversicherungsordnung entsprechend.

Die Steuerbehörden haben den Kassen und den Versicherungsbehörden auf Anfordern Auskunft über die Verhältnisse der Wöchnerin oder ihres Ehemanns zu geben.

V. Sonstige Vorschriften.

§ 24. Der § 425 der Reichsversicherungsordnung erhält folgende Fassung:

> Was nach §§ 420 bis 423 für das Krankengeld gilt, gilt auch für die anderen Barleistungen der Kasse mit Ausnahme der der Wochenhilfe und des Sterbegeldes.

§ 25. Im § 1542 Abs. 1 der Reichsversicherungsordnung wird Satz 2 durch folgende Sätze ersetzt:

Dies gilt nicht bei Ansprüchen, die aus Schwangerschaft und Niederkunft erwachsen sind. Bei den gegen Unfall Versicherten und ihren Hinterbliebenen gilt es nur insoweit, als es sich nicht um einen Anspruch gegen den Unternehmer oder die ihm nach § 899 Gleichgestellten handelt.

VI. Schlußvorschriften.

§ 26. Soweit Gesetze und andere Rechtsnormen auf Vorschriften verweisen, welche dieses Gesetz ändert oder aufhebt, treten an deren Stelle die entsprechenden Vorschriften dieses Gesetzes.

§ 27. Die Vorschriften des § 8 treten mit dem 10. Januar 1920 in Kraft.

Im übrigen tritt dieses Gesetz in seiner Fassung vom 26. September 1919 mit dem 1. Oktober 1919, in seiner Fassung vom 30. April 1920 mit dem 7. Mai 1920 in Kraft.

Wöchnerinnen, die vor dem 1. Oktober 1919 entbunden worden sind, erhalten von diesem Tage ab das Wochengeld und das Stillgeld nach diesem Gesetz in der Fassung vom 26. September 1919, jedoch abzüglich der zwischen dem Tage der Niederkunft und dem 1. Oktober 1919 liegenden Zeit. Steht der Wöchnerin für diese Zeit ein Anspruch auf Wochenhilfe nach anderen Vorschriften zu, so bewendet es bei diesen Vorschriften. Ist am 1. Oktober 1919 die Bezugsdauer für das Wochengeld oder das Stillgeld zwar nach diesen Vorschriften, nicht aber nach dem vorliegenden Gesetz abgelaufen, so sind der Wöchnerin diese Leistungen bis zum 1. Oktober 1919 weiterzugewähren.

Für Versicherungsfälle, die vor dem 7. Mai 1920 eingetreten sind, gelten die Vorschriften dieses Gesetzes in der Fassung vom

26. September 1919 weiter, soweit sie für die Wöchnerin günstiger sind.

Wöchnerinnen, die in der Zeit zwischen dem 1. Oktober 1919 und dem 7. Mai 1920 entbunden worden sind und als „nichtversicherungsfrei" keinen Anspruch auf Wochenhilfe nach § 205 a der Reichsversicherungsordnung in der Fassung vom 26. September 1919 haben, steht der Anspruch vom Tage der Niederkunft ab zu, wenn sie den Voraussetzungen des § 205 a in der Fassung vom 30. April 1920 zur Zeit der Niederkunft genügten.

Berlin, den 22. Mai 1920.

Der Reichsarbeitsminister.
Schlicke.

Bekanntmachung des Reichsarbeitsministers, betreffend die Auslegung der Begriffe Friedensschluß und Kriegsende auf dem Gebiete der Arbeiter- und Angestelltenversicherung.

Vom 25. Mai 1920. Ausgegeben den 27. Mai 1920.
(RGBl. S. 1081.)

Auf Grund des § 27 Abs. 2, 3 des Ausführungsgesetzes zum Friedensvertrage vom 31. August 1919 (Reichs-Gesetzbl. S. 1530) wird hierdurch folgendes bestimmt:

§ 1. Soweit in den Reichsgesetzen oder in den reichsrechtlichen Verordnungen oder Bestimmungen über die Arbeiter- und Angestelltenversicherung ausdrücklich oder dem Sinne nach auf die Beendigung des Krieges oder den Friedensschluß Bezug genommen wird, gilt mangels anderweitiger Bestimmung als Zeitpunkt der Kriegsbeendigung oder des Friedensschlusses der 10. Januar 1920.

§ 2. Fristen, welche auf Grund der im § 1 bezeichneten Vorschriften oder Bestimmungen von dem Zeitpunkt der Kriegsbeendigung oder des Friedensschlusses ab laufen, beginnen erst mit dem Tage der Verkündung dieser Bekanntmachung.

§ 3. Unberührt bleiben die Vorschriften, welche den ehemaligen Bundesrat oder eine andere Stelle zur Bestimmung des Zeitpunkts ermächtigen, mit dem die im § 1 bezeichneten Vorschriften oder Bestimmungen außer Kraft treten sollen.

Berlin, den 25. Mai 1920.

Der Reichsarbeitsminister.
In Vertretung: Geib.

Bekanntmachung des Reichsversicherungsamts über Leistungen der Krankenkassen während der Wartezeit bei Unfallerkrankungen Verletzter, die der Gewerbe- und See-Unfallversicherung unterstehen, letztere, soweit sie nicht zur Zweiganstalt (§ 1120 der Reichsversicherungsordnung) gehören, und über die Ersatzansprüche der Krankenkassen.

Vom 28. Juli 1916 — $\frac{\text{II K 159/15}}{\text{I 5456}}$ —. (AN. S. 567 ff.)

Das Reichsversicherungsamt bestimmt auf Grund der §§ 578, 1083 der Reichsversicherungsordnung zur Ausführung der §§ 573 bis 576 der Reichsversicherungsordnung,*) was folgt:

*) Der Erlaß besonderer Ausführungsbestimmungen für die Ausnahmefälle, in denen der Verletzte nicht auf Grund der Reichsversicherungsordnung oder bei einer knappschaftlichen Krankenkasse gegen Krankheit versichert ist (§ 577 der Reichsversicherungsordnung), bleibt im Bedürfnisfalle vorbehalten.

§ 1. Vom Beginne der fünften Woche nach dem Unfall bis zum Ablauf der dreizehnten wird das Krankengeld auf ²/₃, das Hausgeld auf ¹/₃ des Grundlohns erhöht, der für den Verletzten bei seiner Krankenkasse maßgebend ist. Das Krankengeld oder Hausgeld wird nicht erhöht, wenn es diesen Betrag auch sonst erreicht.

Das nach § 194 Nr. 2 der Reichsversicherungsordnung auf Grund der Satzung zu zahlende Krankengeld (Taschengeld) wird um den gleichen Bruchteil seines Betrags erhöht, um den das gewöhnliche Krankengeld zu erhöhen wäre, bis zum Höchstbetrage von ¹/₃ des Grundlohns.*)

§ 2. Der Beginn der fünften Woche ist von dem Unfall an zu rechnen, auch wenn das Krankengeld oder Hausgeld erst von einem späteren Tage an zu zahlen ist. Der Tag des Unfalls ist bei der Berechnung nicht mitzuzählen.

§ 3. Als gegen Krankheit versichert gelten auch die ver-

---

*) Zu § 1 Abs. 2 zu vergleichen die Entscheidung 1957 (Amtliche Nachrichten der RVA. 1915 S. 354). Beispiele: I. Krankengeld 3 ℳ (in Höhe des halben Grundlohns von 6 ℳ); Unfallkrankengeld = 4 ℳ (²/₃ des Grundlohns von 6 ℳ); ersteres also um ¹/₃ seines Betrags erhöht; Taschengeld durch die Satzung auf ¹/₂₀ des Grundlohns bestimmt = 0,30 ℳ, zu erhöhen bei Unfallerkrankungen ebenfalls um ¹/₃ seines Betrags, d. h. um 0,10 ℳ; Unfalltaschengeld dann also = 0,40 ℳ. — II. Grundlohn 4,50 ℳ; satzungsmäßiges Krankengeld ³/₅ des Grundlohns (§ 191 der Reichsversicherungsordnung) = 2,70 ℳ; Unfallkrankengeld (²/₃ von 4,50 ℳ) = 3 ℳ; ersteres also um ¹/₉ seines Betrags (um 0,30 ℳ) erhöht; Taschengeld durch die Satzung auf ¹/₁₀ des Krankengeldes bestimmt = 0,27 ℳ; zu erhöhen bei Unfällen ebenfalls um ¹/₉ seines Betrags, d. h. um 0,03 ℳ; Unfalltaschengeld dann also = 0,30 ℳ.

sicherungsberechtigten Mitglieder der Krankenkassen und knappschaftlichen Krankenkassen.

§ 4. Hat der gegen Krankheit versicherte Verletzte keinen Anspruch auf Krankenhilfe oder keinen Anspruch auf Krankenhilfe in Höhe der Regelleistungen nach § 179 der Reichsversicherungsordnung, so sind ihm diese Regelleistungen an Krankenhilfe zu gewähren, wobei das Krankengeld und das Hausgeld vom Beginne der fünften Woche nach dem Unfall nach § 1 Abs. 1 festzusetzen sind.*)

§ 5. Das Krankengeld darf nur dann versagt werden, wenn der Verletzte sich den Unfall beim Begehen eines Verbrechens oder vorsätzlichen Vergehens zugezogen hat; dabei gilt die Verletzung bergpolizeilicher Verordnungen sowie des § 93 Abs. 2, 3, der §§ 95 bis 97 der Seemannsordnung nicht als Vergehen im Sinne dieser Bestimmung.

§ 6. Erhält ein Verletzter gleichzeitig Krankengeld aus einer anderen Versicherung, so hat die Krankenkasse ihre Leistung so weit zu kürzen, daß das gesamte Krankengeld des Mitglieds den Durchschnittsbetrag seines täglichen Arbeitsverdienstes nicht übersteigt, es sei denn, daß die Satzung die Kürzung nach § 189 Abs. 2 der Reichsversicherungsordnung ganz oder teilweise ausgeschlossen hat.

Die Kürzung des Krankengeldes setzt nicht voraus, daß der Verletzte einen Rechtsanspruch auf das Krankengeld aus der anderen Versicherung hat.

§ 7. Der Mehrbetrag an Krankengeld oder Hausgeld wird für jeden Tag gewährt, für den Krankengeld oder Hausgeld nach Gesetz oder Satzung zu zahlen ist.

---

*) Zum ersten Satzteil zu vergleichen z. B. die §§ 207, 451 der Reichsversicherungsordnung, zu vergleichen auch die Revisionsentscheidung 2088 (Amtliche Nachrichten des RVA. 1915 S. 669).

§ 8. Für die Auszahlung des Mehrbetrags an Kranken- oder Hausgeld gilt das gleiche wie für die Auszahlung des Kranken- oder Hausgeldes selbst.

§ 9. Bestehen Zweifel, ob die Erkrankung die Folge eines entschädigungspflichtigen Unfalls ist, so hat der Vorstand der Krankenkasse den Fall aufzuklären. Insbesondere soll dem Unternehmer desjenigen Betriebs, in dem sich der Unfall ereignet haben soll, von dem Anspruch Mitteilung gemacht und dessen Erklärung eingeholt werden. Können hierdurch die Bedenken nicht beseitigt werden, so hat der Vorstand auch die Organe der beteiligten Berufsgenossenschaften, das Versicherungsamt und die Ortspolizeibehörde um eine Äußerung zu ersuchen und nach dem Ergebnis, vorbehaltlich der Entscheidung der zuständigen Behörden (§§ 1551, 1636, 1637 bis 1639, 1675, 1676, 1694 und 1695 der Reichsversicherungsordnung), über den Anspruch nach pflichtmäßigem Ermessen zu beschließen.

§ 10. Der Ersatzanspruch der Kassen (§§ 576, 1083 der Reichsversicherungsordnung, zu vergleichen auch die §§ 1 und 4 dieser Bekanntmachung) ist tunlichst bald nach der Wiederherstellung des Verletzten oder nach seinem Tode oder nach Ablauf der dreizehnten Woche nach Eintritt des Unfalls,

wenn dem Verletzten über die dreizehnte Woche hinaus eine Entschädigung zu leisten ist, bei der Genossenschaft,

andernfalls bei dem Unternehmer (§ 633 der Reichsversicherungsordnung)

anzumelden.*)

---

*) Bestimmt die Satzung der Genossenschaft, daß diese den Mehrbetrag in allen Fällen zu ersetzen hat (§ 576 Abs. 1 Satz 2 der Reichsversicherungsordnung), so ist der Ersatzanspruch natürlich stets bei der Genossenschaft anzumelden.

§ 11. Bei der Anmeldung des Ersatzanspruchs ist der nachstehende Vordruck zu verwenden, abgesehen von den Fällen des § 576 Abs. 2 der Reichsversicherungsordnung (§ 4 dieser Bekanntmachung).*)

§ 12. Krankenkassen oder knappschaftliche Krankenkassen und Genossenschaften können von den Bestimmungen der §§ 9 bis 11 dieser Bekanntmachung abweichende Vereinbarungen treffen.

Das Reichsversicherungsamt.

Dr. Kaufmann.

---

*) Von der Aufnahme der Ausnahmefälle des § 576 Abs. 2 der Reichsversicherungsordnung in den Anmeldevordruck ist zur Vereinfachung des Vordrucks abgesehen worden.

Vordruck zur Anmeldung des Ersatzanspruchs (§ 11 der Bekanntmachung).

. . . . Krankenkasse.

. . . .

. . . ., den . . . . 19 . . . .

Unfallsache: . . . .
Tageb.-Nr.: . . . .

An

. . . .

. . . .

D . . . .
ist durch die Folgen des Unfalls, der ih . . . am . . . . — in Ihrem Betriebe — im Betriebe der Firma . . . . zugestoßen war, innerhalb der Zeit vom Beginne der 5. bis zum Ablauf der 13. Woche nach dem Unfall arbeitsunfähig gewesen:

vom . . . . bis einschließlich den . . . .
vom . . . . bis einschließlich den . . . .

Während dieser Zeit ist dem Verletzten an Stelle der Krankenpflege und des Krankengeldes

vom . . . . bis einschließlich den . . . .
vom . . . . bis einschließlich den . . . .

Kur und Verpflegung in einem Krankenhause gewährt worden.

Die satzungsmäßigen Barleistungen der Krankenkasse waren für die angegebene Unterstützungszeit auf Grund des § 573 der Reichsversicherungsordnung nach der unten folgenden Berechnung um . . . . . . *M* . . . Pf. zu erhöhen. Dieser Mehrbetrag ist uns, da

ist zu streichen.

Nichtzutreffendes

eine Unfallentschädigung über die 13. Woche hinaus — nicht — gewährt wird, — vom Unternehmer — von der Berufsgenossenschaft zu ersetzen (§ 576 RVO.).

Hiernach ersuchen wir Sie, den Betrag von ...... M ... Pf. gefälligst bald an uns zu zahlen.

....
(Kassenstempel und Unterschrift)

Berechnung des Mehrbetrags der Barleistungen.

1. Betrag des maßgebenden Grundlohns ...... M ... Pf.
   Die Kasse gewährt nach der Satzung für jeden Arbeitstag — und alle Sonn- und Feiertage —:
   a) als Krankengeld .... v. H. des Grundlohns
   b) als Hausgeld .... v. H. des Grundlohns — Krankengeldes
   c) als Taschengeld (§ 194 Nr. 2 RVO.) ...... v. H. des Grundlohns — Krankengeldes
2. Satzungsmäßige Leistungen nach Nr. 1:

an	vom	bis	Tage	M	Pf	Erhöhte Leistungen nach § 573 RVO.: M	Pf.
Krankengeld							
"							
Hausgeld							
Taschengeld							
			zusammen				
			ab satzungsmäßige Leistungen				
			zu ersetzender Mehrbetrag				

Bekanntmachung des Reichsversicherungsamts über die Vereinbarungen zur Durchführung der §§ 219, 220 und 222 der Reichsversicherungsordnung. Vom 18. Oktober 1916 — II K 693/15 —. (AN. S. 672 ff.)

Der Hauptverband deutscher Ortskrankenkassen, e. V., Sitz Dresden, der Verband zur Wahrung der Interessen der deutschen Betriebskrankenkassen, Sitz Essen, der Gesamtverband deutscher Krankenkassen, e. V., Sitz Essen, der Verband deutscher Innungskrankenkassen, Sitz Hannover, der Allgemeine Verband deutscher Landkrankenkassen, Sitz Berlin, haben unter Mitwirkung des Reichsversicherungsamts zur Durchführung der §§ 219, 220 und 222 folgendes untereinander vereinbart:

§ 1. 1. Um Kranke, die sich nicht im Kassenbezirk aufhalten, schneller und gründlicher zu heilen, können sie der zuständigen Krankenkasse ihres Aufenthaltsorts nach § 219 der Reichsversicherungsordnung überwiesen werden.

2. Bei der Überweisung hat die ersuchende Kasse den satzungsmäßigen Umfang ihrer Leistungen mitzuteilen. Dabei ist anzugeben, ob die Kasse diesen Vereinbarungen beigetreten ist. Die aushelfende Kasse hat bei der Art der Fürsorge die Wünsche der Kasse des Mitglieds tunlichst zu befolgen.

3. Werden nach dem Gutachten des behandelnden Arztes besondere ärztliche Leistungen oder Heilmittel notwendig, so sind sie nach den vorher einzuholenden Anweisungen der Kasse des Versicherten zu gewähren.

4. Die überwiesenen Kranken sollen wie die eigenen kranken Mitglieder einer ausreichenden Krankenaufsicht unterstellt werden.